KB265548

________________ 드림

PD 고전을 탐하다

저자 고영규

고영규는 KBS TV PD다. 1985년 공채로 입사한 후 주로 교양, 다큐멘터리 프로그램을 기획, 제작했다. 〈걸어서 세계 속으로〉〈풍경이 있는 여행〉〈피플 세상속으로〉〈다큐멘터리 극장〉〈다큐멘터리 3일〉〈신화창조의 비밀〉〈역사추리〉〈차인표의 블랙박스〉〈VJ 특공대〉〈공개수사 실종〉〈긴급구조 119〉〈아침마당〉〈6시내고향〉 등을 제작, 방송했다. 〈2005 APEC 정상회의〉〈2012 핵안보정상회의〉국제신호 제작 등 다양한 특집 프로그램을 만들었다. KBS TV 제작본부 교양국 책임프로듀서(CP), 목포방송국장, 2012 핵안보정상회의 방송기획단장을 지냈다. 지금은 시청자본부 시청자권익보호국장으로 근무하고 있다.

어릴 적부터 한자와 한문, 중국 고전에 관심이 많았다. 국가공인 한자 1급(한국한자능력검정회) 자격증을 가지고 있다. 저서로는 「학교야 일어나라」(자유지성사, 2003) 「휘파람을 부세요」(열음사, 1995)가 있다.

PD, 고전을 탐하다

재판 1쇄 인쇄 2015년 1월 16일
재판 1쇄 발행 2015년 1월 23일

지은이 고영규

발행인 장상진
발행처 (주)경향비피
등록번호 제2012-000228호
등록일자 2012년 7월 2일

주소 서울시 영등포구 양평동 2가 37-1번지 동아프라임밸리 507-508호
전화 1644-5613 | **팩스** 02) 304-5613

© 고영규

ISBN 978-89-969240-4-3 13320

PD 고전을 탐하다

••• 고영규 지음

경향BP

고전古典을 읽는 것은 나를 돌아보는 작업이다

고전古典은 지혜의 곳간이다. 수천 년 모이고 쌓인 지혜가 당신을 기다린다. 그곳엔 세상살이에 필요한 온갖 지혜가 차곡차곡 쌓여 있다. 고전은 세상의 빗장을 여는 열쇠다. 당신이 세파世波에 흔들릴 때마다 지혜의 열쇠를 하나씩 쥐어 줄 것이다. 고전은 따뜻한 목욕물이다. 당신의 몸과 마음이 지치고 힘들 때 피곤함을 풀어 줄 것이다. 고전은 영양제다. 당신의 지혜와 슬기가 바닥났을 때 원기를 보충해 줄 것이다. 고전은 구명조끼다. 당신이 망망대해 거친 파도에 떠다닐 때 당신에게 커다란 힘이 될 것이다.

고전은 빈 그릇이다. 무엇이든 채울 수 있다. 고전은 변용變容이다. 인간과 자연, 역사와 문화, 정치와 사회 등 우리가 만들고 겪는 수많은 경험과 노하우가 전략과 솔루션이란 이름으로 출렁인다. 고전은 무궁무진無窮無盡이다. 퍼내고 퍼내도 마르지 않는 샘물이다. 당신이 삶의 지혜에 목말라할 때 당신의 갈증을 풀어 줄 것이다

고전은 스토리텔링이다. 수많은 이야기가 넘쳐난다. 고전은 맥락脈絡이다. 작품 전체에 흐르는 사실과 배경, 핵심과 고갱이가 핏줄처럼 엉켜 있다. 맥락이 주는 의미는 깊고 넓고 그윽하다. 맥락은 쉽게 자신을 보이지 않는다. 끊고 자르고 쪼고 가는 사람에게만 그 모습을 보여 준다. 고전은 콘텐츠의 보고寶庫다. 창작의 영감靈感이 켜켜이 쌓여 있다. 고전은 엄청난 계시와 상상력을 불러일으킨다. 고전의 정수精髓와 암시는 짧지만 늘 완벽하고 강하다.

고전은 방대尨大하다. 수천 년의 시간과 공간을 넘나들며 생동감 넘치는 이야기들이 저마다 색깔 있는 옷을 입고 당신을 맞이한다. 거기엔 가치와 재미, 감동과 교훈이 넘실댄다. 고전은 성공과 좌절의 역사다. 그곳엔 역사를 살다간 수많은 영웅호걸과 이름 없는 민초들의 영욕榮辱의 삶이 고스란히 담겨 있다. 하여, 고전은 반면교사反面敎師다.

고전을 읽는 것은 자신을 돌아보는 값진 작업이다. 고전은 윽박지르지 않는다. 수천 년의 지혜로 세상을 어떻게 살아야 올바른지

를 보여 줄 뿐이다. 고전은 지혜의 등불이다. 지혜의 등불은 무지無
知의 어둠을 없앨 수 있다.

　고전과의 만남은 고전苦戰이다. 해석이나 설명 또한 어렵다. 그
래서 쉽게 다가가기 힘들다. 그러나 핵심을 알면 기쁨이다. 시간과
공간을 뛰어넘는 만남들이 깊은 울림으로 다가온다. 사람들이 자
꾸 걸어가면 발자국이 모여 길이 된다. 삶의 바른 이치는 책 속에
있다. 고전古典은 책 중의 책이다. 고전 속으로 들어가자. 들어가 그
곳에 길을 내자.

　이 책의 예문은 주로 정통 고전에서 골랐다. 시경, 서경, 주역,
논어, 맹자, 노자, 장자, 순자, 열자, 묵자, 대학, 중용, 사기본기, 세가,
열전, 십팔사략, 공자가어, 한비자, 한서, 후한서, 전국책, 여씨춘추,
춘추좌씨전, 세설신어, 육도, 삼략, 삼십육계, 손자병법, 몽구, 채근
담까지 다양하다. 그 가운데 사람들에게 널리 알려진 이야기들을
모으려 했다. 그 유래와 쓰임은 무엇인지, 행간과 맥락은 어떻게
이해해야 하는지에 초점을 맞췄다. 가능하면 쉬운 말로 오늘의 삶
과 감각에 맞게 풀어 쓰고자 했다. 세상이 아무리 변해도 핵심은
변하지 않는다. 단지 변한 것처럼 보일 뿐이다. 하지만 맥락과 해
석, 이해와 공감은 오롯이 독자들의 몫이다.

이 책이 나오기까지 경향미디어 이영민 편집장과 편집부 직원들의 도움이 컸다. 책 제목 글씨와 그림을 그려 주신 '새김아트'의 창시자, 전각 아티스트 고암 정병례 선생님께 깊은 감사의 말씀을 드린다. 또한 늘 나를 이해하고 성원해 준 아내와 아들 고정민에게 감사하고 미안한 마음을 전한다.

PD, 고영규

마음 다스리기

1

말이 많으면
빨리 망한다

- 다언삭궁(多言數窮) : 노자(老子)

多 : 많을 다,　言 : 말씀 언,　數 : 자주 삭,　窮 : 궁할 궁

말은 양날의 칼이다. 미더운 말은 사람의 마음을 움직여 사랑과 힘이 된다. 거칠고 나쁜 말은 갈등과 반목을 키우고 관계를 악화시킨다. 그것이 말의 힘이자 독이다. 말은 적을수록 좋다. 말이 많으면 자주 그리고 빨리 막힌다. 많은 말은 내세움과 뽐냄의 또 다른 표현이다.

"내 말이 옳다. 내 주장이 맞다."

이는 모두 일방적이고 제멋대로 하는 생각이다. 그런 쓸데없는 생각과 주장은 세상을 시끄럽게 할 뿐이다. 지혜롭고 뛰어난 사람은 말로써 자신의 공적을 다투거나 자랑하지 않는다. 말없이 다른 사람을 가르치고 이끌어 따르게 한다. 마치 하늘이 말없이 세상 만물을 낳고 기르는 것과 같다. 설득과 교화教化는 말로만 하는 것이 아니다. 몸짓과 손짓, 웃음과 침묵 등 수없이 많다. 세상 사람들은 이런 것들을 잊고 산다. 하여, 너나없이 말을 많이 하려고 한다. 정치 지도자나 조직의 리더 등 우월한 지위에 있는 사람들은 더더욱 그렇다. 말이 많을수록 허점이 많아져 꼬투리 잡히기 쉽고 말이 많으면 책임질 일이 늘어난다. 노자老子 허용虛用 편에 나오는 '다언삭궁多言數窮'은 말의 이러한 폐단과 해악을 지적한다.

"말이 많으면 이내 자주 막히고 만다. 말이 많으면 가운데를 지키는 것守中보다 못하다. 말이 많은 것은 사물에 따라 마음이 움직이지 아니하고 아무것도 생각하지 않으며 중간의 텅 빈 상태로 있는 것보다 못하다."

여기서 말言은 우리가 일상적으로 하는 말 외에 말이나 글로 표현되는 법령이나 지시, 제도 등을 아우른다. 즉, 사람들을 얽매고 귀찮게 하며 사람들의 일에 참견하는 일체의 행위가 포함된다. 자연의 도를 몸소 깨우쳐 아는 사람은 다른 사람들을 들볶거나 까다롭게 굴지 않는다. 그저 그렇게 흘러가도록 내버려 둔다. 이런 가르침은 노자 제2장 양신養身 편에도 보인다.

"이런 까닭에 도를 몸소 체험하여 알게 된 성인聖人은 자연에 따라 행하고 인위적人爲的으로 세상일을 처리하지 않고 말없이 가르치고 이끈다. 세상 만물이 스스로 자라게 그냥 놔두고 애써 인위적인 간섭과 참견을 하지 않는다. 세상 만물을 생기게 하지만 가지려고 하지 않는다. 세상 만물을 낳고 기르고 자라고 변하게 하지만 자랑하거나 뽐내지 않는다. 커다란 공적을 이루고 세워도 남에게 내세우거나 자리를 차지하지 않는다."

다언多言, 즉 말이 많음은 아무것도 하지 않고 그대로 내버려 두는 것과 대척점에 서 있다. 그것은 사람을 피곤하고 번거롭게 한다. 명령이나 법령, 제도 등은 큰 틀에서 봤을 때 지도자의 말이라 할 수 있다. 하지만 그 태반이 국민의 마음이나 편익보다 그들의 편의나 효율을 위한 것들이다. 사람을 귀찮게 하고 번거롭게 하는 법령이나 제도는 없는 것만 못하다. 현명하고 뛰어난 지도자는 사람을 편하게 하며 공명과 권세를 다투지 않고 말과 글을 멀리한다. 이는 그가 모든 것을 자연스럽게 처리하기 때문이다. 그는 욕심 없이 사는 존재로서 말없이 세상 만물과 사람들을 책임지고 돌보고 아우른다. 사람을 못살게 하거나 귀찮게 하는 지도자는 하수下手다.

쓸데없는 말 때문에 구설에 오르는 정치인이나 유명 인사들을 자주 본다. 이들은 애써 변명하지만 또 다른 곤욕을 부를 뿐이다. 다 번잡하고 허접스런 말이 빚어낸 것들이다. 노자는 말한다.

"지도자나 리더들은 말을 많이 하지 마라. 지나치게 번거로운 법령과 명령을 만들어 사람들을 괴롭히지 마라."

그러다 보면 이내 꼬투리가 잡혀 오래가지 못한다. 그러니 텅 빈 마음으로 살아라. 언제나 아무것도 하지 않은 것처럼 그냥 그렇게 놔둬라. 지나친 간섭이나 꾸밈은 관계를 나쁘게 할 뿐이다. 다른 사람에게 상처나 증오, 갈등을 일으키는 말은 아니함만 못하다. 세상에서 가장 지혜로운 사람은 말을 적게 하고도 모든 일을 자연스럽게 처리한다. 하여, 다언이면 삭궁이다.

모든 것은
내 탓이다

— 반구저기(反求諸己) : 맹자(孟子), 논어(論語), 중용(中庸)

反 : 거꾸로 반,　求 : 구할 구,　諸 : 어조사(…에, 에서) 저,　己 : 몸 기

우리는 자신을 방어하는 일에 길들여져 있다. 자기 합리화와 그럴듯한 변명의 달인이 된 지 오래다. 하지만 내 앞에, 내 안에 있는 것들을 깊이, 오래오래 들여다볼 일이다. 그래야 잘잘못을 건지고 찾을 수 있다. 내 안의 모든 것들이 그것을 말해 줄 것이다. 모든 답 또한 거기에 있다. 앞으로 나아가고 뒤로 물러섬도 그 지점에서 시작된다. 어떤 일이 잘못됐거나 자신에게 불리할 때 다른 사람의 탓으로 돌리는 것은 어리석은 짓이다. 모든 원인과 결

과는 내 안에 있으므로 모든 것을 내 탓으로 돌려라. 언제나 자신을 돌아보는 마음을 잃지 마라. 그것이 성찰省察이다. '반구저기反求諸己'도 그런 말이다. '일어난 결과와 상황에 대해 책임을 지고 그 원인과 잘못을 스스로에게서 찾아 새로운 모색을 한다'라는 의미다. 이 말은 맹자孟子 이루離婁 상편과 공손추公孫丑 편, 논어論語 위령공衛靈公 편, 중용中庸 등에 나온다. 먼저 맹자 이루 상편을 보자.

"다른 사람을 사랑하는데도 친해지지 않으면 스스로의 어짊을 돌아보라. 다른 사람을 다스리는데 잘 다스려지지 않으면 스스로의 지혜를 돌이켜 생각해 보라. 다른 사람을 예로써 대하는데도 그가 반응이 없으면 스스로의 받들어 모심과 섬김을 돌아보라. 자신이 행하여도 얻지 못하거든 모두 스스로에게서 그 잘못을 찾아라. 자신의 몸가짐이 바르면 세상이 내게로 돌아올 것이다."

맹자 공손추 편에도 이렇게 씌어 있다.

"어질다는 것은 활을 쏘는 것과 같다. 활을 쏘는 사람은 자신의 몸과 마음을 바르게 한 후 발사해서 쏜 화살이 과녁을 바로 맞히지 못해도 자신을 이긴 사람을 원망하지 않고 그 원인을 스스로에게서 찾을 뿐이다.”

논어 위령공 편에도 이와 비슷한 의미를 지닌 말이 나온다.

“군자君子는 허물과 잘못을 스스로에게서 찾고 소인小人은 허물과 잘못을 다른 사람에게서 찾는다.”

중용 군자처신君子處身에도 다음과 같이 언급되어 있다.

공자가 말했다.

“활을 쏘는 것은 군자의 태도와 닮은 점이 있다. 과녁을 제대로 맞히지 못하면 스스로에게서 그 원인을 찾아보고 돌이켜 봐야 한다.”

제대로 된 사람들은 남의 탓을 하지 않는다. 자신을 잘 알기 때문이다. 남을 탓한다고 해서 자신의 잘못과 허물이 덮어지는 것은 아니다. 그래서 옛 성인들도 이를 경계하라 이른 것이다. 학식과 덕행이 높고 깊은 군자는 어떤 일의 원인과 결과를 스스로에게서 찾고 그 책임 또한 스스로 진다. 하지만 도량과 마음이 좁고 무식하고 비천卑賤한 소인배小人輩는 어떤 일의 원인과 결과를 모두 다

른 사람의 탓으로 돌린다. 일이 뜻대로 되지 않으면 자신은 잘못
이 없음을 변명하기에 바쁘다. 하지만 이렇게 하면 자신의 잘못과
허물을 찾을 수 없다. 모든 게 내 탓일 뿐이다. 그러므로 반구저기
하라.

3

양보하며
살아라

- 처세 양일보 위고(處世 讓一步 爲高) : 채근담(菜根譚)

處 : 살(머물) 처, 世 : 세상 세, 讓 : 양보할 양, 一 : 한 일
步 : 걸음 보, 爲 : 될(할) 위, 高 : 높을(고상할) 고

세상에 영원한 것은 없다. 부귀와 영화, 권력과 명예가 그러하듯 돌아서면 허전한 게 세상살이다. 요즘 들어 세상살이가 더욱 신산辛酸하다. 사람의 온기가 점점 사라지고 삶은 메마르다. 세상 사람들은 다 외롭고 쓸쓸하다. 각박刻薄한 세상사, 온갖 시름 다 내려놓고 행복하게 살 수는 없을까? 한발 물러서고 양보하라. 그것이 정답이다. 그것만이 자신을 편안하고 행복하게 할 것이다. 이 땅에 사는 날까지 다른 사람들과 함께 가야 한다. 작은

짐승들이 털 비비며 살듯 그렇게 살아야 한다. 양보와 물러섬은 그 첫걸음으로 내가 물러서야 남이 다가올 수 있다. 남이 다가와야 함께 갈 수 있다. 홍자성이 쓴 채근담茶根譚 전집前集 17장과 35장에도 이런 이야기가 나온다. 먼저 채근담 전집 17장을 보자.

"세상을 살면서 다른 사람에게 한 걸음 양보할 줄 아는 것을 높고 귀하게 여겨야 한다. 한 걸음 물러서는 것은 곧 스스로 한발 앞으로 나아가는 밑바탕이 되기 때문이다. 다른 사람을 너그럽게 대해야 행복해진다. 다른 사람을 이롭게 하는 것은 실질적으로 자신을 이롭게 하는 바탕이 되기 때문이다."

인생살이에서 남에게 양보하는 마음을 지니는 것은 매우 중요하다. 세상은 혼자 살아가는 것이 아니다. 어떨 때는 한발 물러서는 것이 스스로의 가치를 높이고 자신을 빛나게 한다. 다른 사람보다 앞서 가려고만 하면 다툼이 생기고 시샘을 받을 수밖에 없다. 다른 사람을 품고 너그럽게 행동하며 다른 사람에게 양보하고 한 걸음 물러서라. 이는 자신이 앞으로 나아가는 데 커다란 도움이 될 것이다. 채근담 전집 35장도 같은 이야기를 한다.

"사람의 마음은 변하기 쉽다. 세상을 살아가는 길은 순탄하지 않고 가탈이 많다. 가기 어려운 곳에서는 마땅히 한 걸음 물러설 줄도 알아야 한다. 쉽게 갈 수 있는 곳에서는 1/3의 공을 양보하여 다른 사람에게 나눠 줘야 한다."

세상을 편안하고 행복하게 살려면 다른 사람에게 양보하라. 좋은 것과 아름다운 것을 혼자서 차지하지 마라. 그렇지 않으면 후에 반드시 독이 된다. 사람의 마음은 변하기 쉽고 세상살이는 너무 힘들다. 나누고 함께하는 것이 자신을 보전하는 길이다. 모든 일에 여유를 가져라. 나눠 주면 받는다. 험하고 힘든 세상, 혼자 가지 말고 다른 사람들과 함께 가라. 다른 사람이 어려운 일을 당하면 그를 먼저 보호하고 이득이 생기면 다른 사람과 나눠라. 이것이 물러섬이고 양보다. 비좁은 길에선 남을 먼저 보내고 넓고 편한 길에선 함께 나란히 가라. 그러면 세상살이가 행복할 것이다.

4

편안함을
경계하라

– 차이군자 무항안식(嗟爾君子 無恒安息) : 순자(荀子)

嗟 : 발어사(탄식할, 감탄할) 차,　爾 : 너 이
君 : 학식 높을(임금) 군,　子 : 아들 자,　無 : 없을 무
恒 : 항상(늘) 항,　安 : 편안할 안,　息 : 쉴 식

누구나 편안하고 즐거운 것을 좋아한다. 사람이기 때문이다. 하지만 즐겁고 편안한 것만 누리기에는 인생은 너무 짧으며 세상은 넓고 할 일은 많다. 편안함을 바라는 사람들에게는 커다란 이상과 목표, 꿈과 희망이 없다. 그들은 괴로움과 어려움, 힘든 처지나 상황을 두려워한다. 그렇기에 그들은 어려움과 고난에 빠지면 쉽게 좌절하고 포기해 버린다. 편안함은 자신의 미래와 인생을 망치게 한다. 편안하고 즐거우면 의지가 약해지고 발전이 없다. 편안함을 가까이 하면 오히려 큰 고통과 괴로움을 당하게 된다. 인생은 시련과 고난의 연속이다. 목표도 꿈도 없이 흔들리는 삶은 의미가 없다. 강한 의지와 노력으로 그것을 극복해야한다. 내일의 찬란한 내 인생, 그것을 위해 사람들은 오늘의 두려움과 고통, 좌절과 어려움을 참고 이겨 낸다. 할 수 있다는 용기와 꺾이지 않는 열정만 있다면 그 모든 어려움을 극복할 수 있다. 순자荀子도 '편안함과 즐거움에 빠지지 말고 늘 배우고 익히는 데 힘써라'라고 했다. 순자 권학勸學 편을 보자.

배우고 익히는 것學問에 그만두거나 멈춤이 있어서는 안 된다. 푸른색은 쪽에서 나왔지만 쪽빛보다 더 푸르다. 얼음은 물이 얼어서 생긴것이지만 물보다 더 차갑다. 나무는 먹줄을 받아들이면 곧게 된다. 쇠는 숫돌에 갈면 날카로워진다. 군자는 널리 배우며 날마다 세 번씩 자신의 몸을 돌아보고 살펴야 한다. 그러면 지식이 밝아지고 행동하는데에 허물과 잘못이 없어진다. 그런 까닭에 높은 산에 오르지 않으면하늘의 높음을 알지 못한다. 깊은 계곡에 직접 가 보지 않으면 땅의두터움을 알지 못한다. 앞서 깨우친 어질고 훌륭한 왕들이 남긴 말을듣지 못하면 학문의 큼과 이로움을 알지 못한다. 간干이라 이르는 오

吳나라, 월越나라 같은 서쪽의 오랑캐, 이夷와 같은 동쪽의 오랑캐, 맥貉과 같은 북쪽의 오랑캐 자식들도 태어날 때는 모두 울음소리가 같지만 자라면서 그 풍속을 달리한다. 그 까닭은 교육이 그렇게 만든 것이다. 시경詩經에서 말했다.

"아! 학식이 높은 사람이여, 그대들이여, 항상 편안함을 뒤좇아 놀거나 게으르게 살지 마라."

'차이군자 무항안식嗟爾君子 無恒安息'은 시경詩經 소아小雅 편 소명小明에 나온다. 그 내용을 따라가 보자.

"아아, 높은 벼슬을 하는 사람들은 늘 일을 하지 않고 편하게 살려고 해서는 아니 된다. 다스림에 있어 그대들의 자리에 대해 신중하게 생각하고 행동하라. 바르고 곧게 일하며 몸가짐, 말과 행동을 조심하고 신중히 법도를 따르고 받아들이면서 커다란 복을 추구하라."

지금까지 누렸던 편안함을 내려놓을 줄도 알아야 한다. 때론 좌절과 절망, 낭패감을 이기지 못해 괴로워할 수 있다. 하지만 오늘의 편안함 대신 늘 자신을 갈고닦아 내일로 가야 한다. 그것만이 오래도록 편안함을 보장하는 지름길이다. 그 길에는 커다란 불안과 고통이 있을 수 있다. 하지만 그것을 이겨 내면 지금까지 느끼지 못한 기쁨과 행복이 당신을 기다리고 있을 것이다. 날마다 최선을 다해 의미 있는 인생을 만들어 가야 한다. 그것이 학문이든 자신이 맡은 그 무엇이든 간에 매 순간 열심히 살아야 한다. 이것이 순자의 가르침이다.

5

남의 것을
탐내지 마라

― 자한사보(子罕辭寶) : 춘추좌씨전(春秋左氏傳), 몽구(蒙求)

子 : 자식(아들, 그대) 자,   罕 : 그물(드물) 한
辭 : 사양할 사,   寶 : 보배 보

권력 실세들과 고위 공직자들이 관련된 부정부패 의혹과 스캔들이 하루가 멀다 하고 불거지는 요즘이다. 참으로 안타까운 일이 아닐 수 없다. 국가 공무원법 제61조에는 '청렴 의무'를 다음과 같이 규정하고 있다.

"공무원은 직무와 관련하여 직접 또는 간접을 불문하고 사례, 증여 또는 향응을 주거나 받을 수 없다[1항]."

"공무원은 직무상 관계가 있든 없든 그 소속 상관에게 증여하거나 소속 공무원으로부터 증여를 받아서는 아니 된다2항."

그런데 왜 그럴까? 뭐 그리 배가 고플까? 있을 만큼 있고 누릴 만큼 누린 사람들이 뭐 그리 챙길 게 많아 그런 행태를 보일까? 알다가도 모를 일이다. 그들에게 '자한사보子罕辭寶'란 말을 들려주고 싶다. 이는 '자한子罕이란 사람이 보물을 사양했다'라는 말로 '남의 것을 탐내지 않는다'라는 의미다. 이 말은 춘추좌씨전春秋左氏傳 양공襄公 편과 몽구蒙求에 나온다.

송宋나라는 고대 중국 춘추 시대春秋時代 제후국諸侯國 가운데 하나였다. 그 송나라의 어떤 사람이 옥玉을 얻어 삼공三公 중의 한 사람인 자한에게 바쳤다. 당시 자한은 토지와 민사 사건을 맡아 처리하는 사공司空, 司城 벼슬을 하고 있었다. 그런데 자한은 그것을 받지 않고 사양했다. 그러자 그 송나라 사람이 말했다.

"이 옥을 옥장인玉匠人에게 보였더니 아주 귀하고 소중한 보배라고 했습니다. 그래서 당신께 바칩니다."

이에 자한이 대답하며 말했다.

"저는 다른 사람의 물건을 탐내지 않는 마음을 보배로 여기고 있습니다. 당신께서는 옥을 보배로 여기고 있습니다. 만약 당신께서 보배로 여기는 옥을 저에게 주신다면 우리 두 사람 모두는 자신의 보배를 잃을 것입니다. 우리 두 사람은 서로가 보배로 여기는 것을 각자 지니고 있는 게 더 나을 것 같습니다."

예로부터 '화禍 가운데 어떤 것을 탐내는 마음보다 더 큰 것은 없다'라고 했다. 자한사보는 '어떤 것을 탐내지 않는 마음이 가장 귀한 보물'이라는 것을 일깨워 준다. 부정부패는 공직을 담당하는 사람들이 자신의 권한이나 영향력을 함부로 써서 개인적인 이익과 그 어떤 것을 탐내는 행위다. 특히 고위 공직자가 부정부패를 저질렀을 때 파급 효과는 너무도 크다. 그 자신은 물론이고 그가 속한 집단과 조직 전체의 기강이 풀어진다. 나아가 국정 운영 시스템이 망가지고 국가와 정책에 대한 신뢰가 떨어진다.

공직자, 특히 고위 공직자는 욕심 없이 살아야 한다. 욕심이 없다는 것은 재물과 남의 물건을 탐내지 않는 것이다. 지나친 욕심은 파멸로 가는 급행열차다. 그것은 한순간에 조직과 자신을 나락으로 몰고 간다. 개인적 탐욕 때문에 비참한 최후를 맞이하는 사람들은 수없이 많다. 이는 역사가 증명한다. 성경 10계명에도 나오지 않는가. 남의 것을 탐내지 마라. 쓸데없는 욕심을 버려라. 그것만이 살길이다.

6

말과 행동을
같게 하라

- 후목불가조 분토지장 불가오(朽木不可雕 糞土之墙 不可杇) :

논어(論語)

朽 : 썩을 후,　木 : 나무 목,　不 : 아닐 불,　可 : 가능할(옳을) 가
雕 : 새길 조,　糞 : 똥(더러울) 분,　土 : 흙 토,　之 : 어조사 지
墙 : 담 장,　杇(=圬) : 흙손(바를) 오

기본에 충실한 것, 그것은 성공의 조건이다. 기본을 갖추지 않고 얻은 성과는 언제든 물거품이 될 수 있다. 기본을 잊으면 모든 것을 잃을 수 있다. 모든 변용은 기본에서 나온다. 세계 최고의 축구 선수들을 뽑으라면 사람들은 대부분 스페인 FC 바르셀로나의 리오넬 메시, 레알 마드리드의 크리스티아누 호날두, 잉글랜드 맨체스터 유나이티드 FC의 웨인 루니 등을 들 것이

다. 이들은 어떻게 해서 세계 최고의 선수가 될 수 있었을까? 그들은 슈팅, 드리블, 패스, 헤딩 등 축구의 기본기를 고루 갖추고 있기 때문이다. 최고와 평범함은 종이 한 장 차이다. 기본, 근본에 충실하고 그것을 바탕으로 갈고닦으면 어느 분야에서든 최고가 될 수 있다. 사람이라고 해서 모두 다 같은 사람이 아니다. 사람으로서 지녀야 할 품성과 바른 마음을 갖출 때 온전한 인격체로 평가받을 수 있다. 썩어 문드러진 마음과 자세로는 아무것도 할 수 없다. 기본과 내실을 다져야 한다. 기본을 해치는 가장 큰 적은 게으름과 헛된 욕망이다. 일찍이 공자孔子도 이런 말을 했다. '후목불가조 분토지장 불가오朽木不可雕 糞土之墻 不可杇(圬)'가 그것이다. 논어論語 공야장公冶長 편에 나온다.

공자의 제자들 가운데 재여宰予라는 사람이 있었다. 자字를 자아子我 또는 재아宰我라고 불렀는데 안연顏淵, 자공子貢 등과 같은 또래였다. 그는 말을 조리 있게 잘해 언어의 달인으로 이름이 났다. 그의 말하고 표현하는 재주는 다른 사람에 비해 탁월했지만 그 행실은 말과 글에 많이 못 미쳤다. 공자가 늘 그것을 못마땅하게 생각하고 있었다. 어느 날 재여가 낮잠을 자고 있었다. 공자가 그 모습을 보고 말했다.

"썩은 나무를 새기거나 조각할 수 없다. 썩고 지저분하고 더러운

38

흙으로 만든 담장은 흙손으로도 바르거나 손질할 수 없다. 그러니 재여에게 내가 무엇을 꾸짖을 것이리오."

여기서 '내가 무엇을 꾸짖으리오'의 겉으로 드러나는 의미는 '지적할 것, 꾸짖을 것'이 없다는 말이다. 하지만 그 속내는 다르다. 재여를 아주 강하고 호되게 질책하고 꾸짖는 것이다. 재여가 어떤 일을 이루고자 하는 마음과 씩씩한 기상이 없음을 크게 나무라고 있다.

공자가 다시 말을 이었다.

"비로소 사람에게 그 말을 듣고 그 행실을 믿었다. 그런데 이제 내가 사람에게 그 말을 듣고 그 행실을 보니 재여는 이런 점을 고쳐야 할 것이다."

재여의 말은 청산유수로 따를 사람이 없을 정도였다. 그런데 실제로 드러나는 행동은 허접스러웠다. 이에 공자가 재여의 행실과 마음가짐을 보고 한심하게 생각하여 경계하는 뜻에서 말한 것이다. 즉, 배우고 익히려는 마음과 자세가 갖춰지지 않았다는 점을 질책한 것이다. 이를 통해 재여가 빠뜨리고 사는 점을 지적하고 가르쳐 준 것이다. 무릇 군자君子란 배움에 있어 날마다 부지런히 익히고 힘써야 한다. 그런데 재여는 낮잠이나 자는 등 기본적인 마음가짐과 자세가 갖춰져 있지 않다는 것을 말하고자 했다. 재여가 뜻이 무르고 게으르며 편안함만 추구함에 따라 이를 경계하고 가르치기 위해 한 말이었다. 나아가 다른 제자들에게도 스스로를 경계하고 말을 삼가며 행실을 재빠르고 날쌔게 하여 열심히 배움에 힘쓰라는 가르침을 전하는 동시에 경각심을 일깨우고자 했다.

세상은 녹록지 않다. 하지만 누구나 꿈을 꾼다. 이 세상에서 이루어질 수 없는 꿈이라 할지라도 몇 움큼의 꿈을 안고 하루하루 힘들게 살아간다. 꿈을 현실로 만들기 위해 끊임없이 갈고닦고 담금질해야 한다. 그러나 무엇을 하든 몸과 마음, 정신과 자세가 엉터리면 아무리 애써도 소용이 없다. 기본이 갖춰지지 않으면 백약이 무효하다. 기본을 갖추는 일은 세상살이에 반드시 필요하다.

7

언제나
침착하라

- 망지사목계 기덕전(望之似木鷄 其德全) : 장자(莊子)

望 : 바라볼 망,　之 : 어조사 지,　似 : 같을(비슷할) 사
木 : 나무 목,　鷄 : 닭 계,　其 : 그 기,　德 : 덕 덕
全 : 온전할 전

모두가 지존至尊을 꿈꾼다. 그런데 지존은 손을 뻗는다고 해서 쉽게 딸 수 있는 열매가 아니다. 그것은 오롯이 피와 땀의 결정체다. 극한의 고통 속에서 참고 견디며 끊임없이 몸과 마음을 담금질한 후에야 만날 수 있는 그 무엇이다.

우리나라 여자 양궁 실력은 세계 최고다. 1983년에 대한 양궁 협회가 생긴 이래 1984년 LA 올림픽에서 서양순 선수가 최초로

금메달을 딴 후부터 지금까지 올림픽은 물론 세계 선수권 대회에서 타의 추종을 허락하지 않았다. 그들이 세계 1등이 될 수 있었던 데에는 여러 가지 배경과 이유가 있을 것이다. 하지만 무엇보다 선수들이 '어떤 경우에도 평정平靜을 잃지 않는 마음'을 지니고 있었기 때문이 아닐까. 평안하고 고요한 마음의 상태, 즉 평정심을 갖기란 쉽지 않으며 하루아침에 되는 일도 아니다. 피나는 노력과 훈련이 있어야 가능하다.

양궁 경기 중 승부를 결정짓는 변수는 많다. 경기 중 비바람이 불 때, 주최국 관중들이 야유를 보내거나 함성을 지를 때가 이에 해당한다. 이런 상황에서 선수들의 마음이 흔들릴 수 있지만 그 어떠한 경우나 상황에서도 한 치의 흔들림 없이 경기를 치를 수 있다면 승리는 그들의 몫이다. 우리나라 여자 양궁 팀은 이러한 악조건들을 전제로 가상훈련을 수십 번, 수백 번 한 결과 평정심을 잃지 않은 채 경기를 치를 수 있었고 세계 지존에 오른 다음에도 지금까지 그 자리를 지키고 있는 것이다.

이와 비슷한 이야기가 '망지사목계 기덕전望之似木鷄 其德全'으로 장자莊子 달생達生 편에 나온다.

예전 중국에 기성자라는 사람이 있었다. 그의 임무는 임금의 싸움

닭[鬪鷄]을 기르고 조련調練하는 것이었다. 하루는 임금이 기성자에게 물었다.

"자네는 열흘 만에 닭을 조련시켜 싸움시킬 수 있는가?"

기성자가 말했다.

"아직 멀었습니다. 아직 닭이 겉으로 잘난 척, 사나운 척 뽐내며 자신의 기운만 믿고 있습니다."

열흘이 지났다. 임금이 이제 닭이 싸울 수 있는지에 대해 다시 물었다. 그러자 기성자가 말했다.

"아직은 아닙니다. 닭이 아직도 다른 닭의 소리만 듣거나 그 모습과 그림자만 보아도 덤비려고만 합니다."

다시 열흘이 지났다. 임금이 또 그 닭이 싸울 수 있는지에 대해 물었다. 그러자 기성자가 이르기를,

"아직도 멀었습니다. 닭이 아직도 다른 닭을 보면 노려보며 자신의 기운을 뽐내고 있습니다."

라고 했다. 또 열흘이 지났다. 임금이 다시 그 가능성에 관해 물었다. 그러자 기성자가 대답했다.

"이제는 거의 다 되었습니다. 비록 다른 닭이 울며 덤벼도 조금도 그 모양새를 바꾸지 않고 변화가 거의 없습니다. 그 닭을 바라보노라면 마치 나무로 깎아 만든 닭처럼 보입니다. 그 닭의 덕이 잘못된 것

이 없이 반듯하고 올바르게 되었습니다. 따라서 다른 닭이 감히 주제넘게 덤비지 못하고 바라보기만 해도 도리어 달아나 버릴 것입니다.”

망지사목계 기덕전은 ‘바라보기에 마치 나무를 깎아 만든 닭과 같으니 그 덕이 잘못된 것이 없이 바르고 올바르게 되었다’라는 의미로 ‘늘 침착하고 평정심을 유지하여 어떤 경우나 상황에도 흔들림이 없는 상태’를 말한다. 여기서 목계지덕木鷄之德이란 말이 나왔다. 스스로의 마음과 감정을 철저하게 다스릴 줄 아는 스킬skill, 스스로 뽐내거나 자랑하지 않아도 상대가 쉽게 덤비거나 다가갈 수 없는 포스force, 설명할 수 없는 강렬한 카리스마charisma, 이런 것이 목계지덕이다.

아무리 주변 상황이 시끄럽고 복잡해도 마음이 침착하고 평온하면 그 무엇과도 그 누구와도 싸워 이길 수 있다는 가르침이다. 즉, 세간의 평가 따위는 남의 일로 여기고 오직 자신의 행동과 마음가짐을 태산같이 하라는 것이다. 이는 자신의 감정을 철저하게 다스리고 쉽게 자신의 패와 수를 보여 줘서는 안 된다는 코치coach다. 그러기 위해서는 다른 사람의 논리나 기, 위협에 휘둘리거나 쉽게 반응하지 않고 늘 마음의 평온을 유지하는 것이 관건이다.

교만하거나 자랑하거나 초조해하거나 조급해하지 않고 늘 무덤덤
하게 자신의 마음과 감정을 잘 다스려야 한다. 이것이 지존의 마
음이고 행동이다. 침착하라. 그러면 승리는 당신의 것이다.

8

신의를 목숨처럼 여겨라

- 계찰계검(季札繫劍) : 사기(史記)

季 : 끝 계, 札 : 표 찰, 繫 : 맬 계, 劍 : 칼 검

'신信'은 사람이 하는 말틀이 거짓 없이 성실함을 이른다. '뢰賴'는 의지하고 힘입는 것이다. 따라서 신뢰信賴는 '사람이 하는 말에 거짓이 없고 성실하여 믿고 의지하는 것'이다. 신뢰는 감동이다. 신뢰가 있으면 마음이 편안해지고 상대의 행동을 예측할 수 있다. 신뢰는 성공의 기초이며 개인과 집단, 조직과 국가 성공 비결의 핵심 키워드다. 신뢰의 힘은 강력하여 일과 인간관계 등 모든 것을 결정하고 지배한다. 즉, 신뢰는 갈등과 문제를 해결하는 열쇠이자 솔루션이다. 신뢰는 정치, 경제, 사회, 문화, 외교, 군사 등 모든 영역에서 막강한 힘을 발휘한다. 신뢰가 없으면 모든 것이 끝장이다. 그런데 불행하게도 오늘날 우리는 불신 시대를 살고 있다. 서로가 서로를 믿지 못하고 의심의 눈초리를 거두지 않는다. 또한 각종 국가 정책이나 공공 기관들의 법 집행과 행태를 국민들이 믿지 않은 지 오래다. 믿음, 신뢰가 전혀 없기 때문이다. 믿음이 없는 시대, 계찰季札의 칼 이야기가 절실하다. 이 이야기는 사기史記 세가世家 가운데 오태백세가吳太伯世家에 나온다.

수몽壽夢은 고대 중국 오吳나라 임금이었다. 그에게는 네 명의 아들이 있었다. 그 가운데 막내가 계찰이다. 그는 형제들 중 가장 총명하고 출중했다. 일찍부터 백성들 사이에서 다음 임금 재목으로 오르내리고 있었다. 얼마 후 임금인 수몽이 죽자 맏형인 제번諸樊이 왕위에 올랐다. 선왕先王의 탈상을 마친 맏이 제번이 계찰에게 왕위를 물려주려고 하자 계찰이 거듭 사양했다. 그러자 임금인 맏이 제번이 그에게 연릉延陵 지역을 맡겨 다스리게 했다. 그때부터 사람들은 그를 연릉계자延陵季子라고 불렀다. 그 후 계찰은 노魯나라, 제齊나라 등 여러 나라에 사신으로 다녔다.

계찰이 처음 사신으로 떠날 때의 일이다. 오吳나라 북쪽을 지나다가서徐나라에 들어서게 됐다. 그는 거기서 서나라의 왕을 만나게 되었다. 당시 계찰은 보배로운 검寶劍을 차고 있었는데 그 보검을 서나라 왕이 갖고 싶어 했다. 계찰은 서나라 왕의 뜻을 알고 보검을 주고 싶었지만 자신이 돌아볼 나라가 아직 많이 남아 보검을 줄 수 없었다. 계찰은 다음에 돌아올 때 서나라 왕에게 보검을 꼭 주리라 생각하고 서나라를 떠났다. 계찰이 중원의 여러 나라를 방문한 다음 사신의 임무를 무사히 마치고 돌아오는 길에 자신의 보검을 서나라 왕에게 주기 위해 서나라에 들렀다. 그런데 서나라에 돌아와 보니 서나라 임금은 이미 세상을 떠나고 없었다. 하여, 계찰은 서나라 임금의 무덤을 찾아갔다. 거기서 자신의 보검을 풀어 무덤가 나무에 걸어 놓고 떠났다. 그러자 함께 갔던 수행원 가운데 한 사람이 말했다.

"서나라 왕은 이미 세상을 떠났는데 누구에게 보배로운 검을 주시는 것입니까?"

계찰이 말하기를,

"그렇게 말하지 말지어다. 나는 처음부터 이미 마음속으로 내 보검을 그에게 주기로 결정했었다. 그런데 그가 이미 세상을 떠났다고 내가 어찌 나의 뜻과 약속을 바꿀 수 있겠느냐?"

라고 했다.

‘계찰계검季札繫劍’은 ‘계찰이 보검을 나무에 걸어 놓았다’라는 뜻
이다. 즉, ‘마음속으로 결정한 일은 반드시 지킨다’라는 말이다. 이
는 신의는 어떤 경우에도 반드시 지켜야 한다는 것을 보여 주는
대표적인 사례다. 겉으로 드러나는 말로 약속을 하지 않았더라도
마음속으로 약속을 했다면 반드시 그것을 지키라는 가르침이다.
죽은 이에게도 약속을 지킨 계찰이 멋지지 않은가. 약속과 신뢰는
태산泰山같이 무겁고 엄하다. 그것은 과히 세상의 모든 것이라 할
수 있다.

9

능력에 따라
행동하라

- 능지왈능지 불능왈불능(能之曰能之 不能曰不能) : 순자(荀子)

能 : 능할(잘할) 능,   之 : 그것(지시대명사) 지
曰 : 말할 왈,   不 : 아닐 불

낙하산 인사는 별다른 노력 없이 하늘에서 뚝 떨어지듯 벼락감투나 벼슬을 얻은 사람들을 빗대어 이르는 말이다. 낙하산 인사의 폐해는 어제, 오늘 일이 아니다. 낙하산 인사들이 가는 곳은 KT, 포스코 등 민간 기업은 물론이고 은행 연합회 같은 온갖 협회, 농어촌 공사 같은 공기업, 정부 부처 산하 기관 등 가지가지다. 그들이 차지하는 자리 또한 사장부터 전무, 상무, 감사, 본부장, 팀장까지 다양하다. 다 그런 것은 아니지만 낙하산 인사들은

그 분야의 전문성이나 관련 지식이 부족하다. 때문에 제대로 조직을 이끌거나 성과를 내기가 쉽지 않다. 나아가 해당 기관이나 회사에서 묵묵히 일해 온 수많은 사람들의 근무 의욕을 떨어뜨리고 화합과 단결을 해친다. 그런데 낙하산 인사들은 자신의 부족함을 결코 인정하지 않는다. 도리어 온갖 구실을 붙여 자신이 적임자라고 우기기 일쑤다. 그들에게 들려주고 싶은 말이 '능지왈능지 불능왈불능能之曰能之 不能曰不能'이다. 이는 '할 수 있는 것을 할 수 있다고 하고 할 수 없는 것을 할 수 없다고 한다'라는 뜻이다. 순자荀子 자도子道 편에 나오는 말이다.

공자孔子의 제자 자로子路가 화려하고 거창巨創하게 차려 입고 공자를 찾아오자 공자가 말했다.

"자로야, 네가 이렇게 화려하고 멋지게 차려입고 나온 이유가 무엇이냐? 예전에 양쯔 강揚子江 물은 발원지인 민산岷山에서 처음 시작될 때 겨우 술잔 하나 띄울 수 있을 만큼의 작은 샘물이었다. 그렇지만 그 물이 강나루에 이르면 너무 넓고 많아서 배를 마음대로 풀어 놓을 수 없다. 바람이 많아서 피할 수 없고 물이 많고 넓어서 그 강을 건널 수도 없다. 이는 아래로 흐르면 흐를수록 물이 많아져서 그런 것이 아닐까 한다. 지금 너의 옷차림은 화려하고 얼굴빛은 기쁨으로 가득 차 있다. 그러니 세상에서 누가 즐겁게 너에게 옳지 못하거나 잘못된 일을 말할 수 있겠느냐?"

자로가 빠른 걸음으로 나가 다시 옷을 갈아입고 왔으나 의젓하고 당당한 모습은 바로 전 그대로였다. 공자가 다시 말했다.

"내가 생각하고 뜻한 것을 너에게 말하겠다. 말에 온 마음과 힘을 다하려는 사람은 떠들썩하다. 행동에 온 마음과 힘을 다하려는 사람은 자신을 자랑하게 된다. 아는 것이 얼굴에 고스란히 나타난다면 능력이 있다 하더라도 도량이 좁고 간사하고 천한 사람小人일 뿐이다. 그런 까닭에 군자는 아는 것을 안다고 하고 모르는 것을 모른다고 한다. 이것이 말하는 것의 핵심이다. 할 수 있는 것을 할 수 있다고 하고 할 수 없는 것을 할 수 없다고 한다. 이것이 행동의 기본 원칙지극함이니라. 말에 핵심이 있으면 아는 것이고 행동이 지극하면 어짊이 있는 것이다. 이미 알고 또 어질면 전체적으로 보아 무슨 부족함이 있겠느냐?"

공자도 논어論語 위정爲政 편에서 이와 비슷한 이야기를 했다.

"자로야, 너에게 안다는 것을 가르쳐 줄 것이다. 아는 것을 안다고 하고 알지 못하는 것을 알지 못한다고 하는 것이 참으로 아는 것이다."

공자가 자로에게 이야기하고자 한 핵심은 이렇다.

"모든 게 처음이 중요하다. 시작이 잘못되면 시간이 지날수록 더 나빠질 뿐이다. 양쯔 강 물이 처음 민산에서 시작될 때는 잔을 하나 띄울 만큼 적었지만 아래로 내려올수록 그 양과 크기가 엄청나게 불어나듯이 사람의 행동 또한 나빠지거나 좋아질 수 있다."

자로가 거창하게 옷을 입고 의젓하게 나타난 것이 문제가 아니라 '자신의 분수에 넘치는 옷차림과 잘난 척하며 뽐내고 건방지게 구는 태도와 자세가 걱정된다'라는 의미다. 그것을 절제하거나 고치지 않으면 나중에는 바로잡거나 돌이킬 수 없는 지경에 이르게 되기 때문이다. 그래서 공자가 자로를 나무라고 어떻게 행동하는 것이 옳은가에 대해 말한 것이다.

사람은 자신의 능력과 분수를 아는 것이 중요하다. 이를 바탕으로 끼어도 되는 자리, 끼어서는 안 되는 자리를 구별해야 한다. 그것이 자신을 아는 것이다. 자신의 능력을 알고 그 능력에 맞게 생각하고 행동하는 사람이 현명하고 지혜롭다. 사람이 모든 것을 다 잘할 수 없다. 능력에는 분명 한계가 있다. 그것을 인정하지 않으면 화禍를 부른다. 능력과 범위를 벗어난 일이나 자리를 맡게 되면 자신을 망치게 된다. 자신에게 맞지 않는 옷은 입지 말아야 한다. 반드시 자신의 능력에 맞게 행동하라. '아는 것은 안다고 하고 모르는 것은 모른다'라고 하자. '할 수 있는 것은 할 수 있다 하고 할 수 없는 것은 할 수 없다'라고 하자. 이것이 지혜롭고 현명한 사람의 자세이고 행동 원칙이다.

10

나의 가장 큰 적은
바로 나다

-지지난야 불재승인 재자승야(志之難也 不在勝人 在自勝也) :

한비자(韓非子)

志 : 뜻(마음) 지,   之 : 갈 지,   難 : 어려울 난
也 : 어조사 야,   不 : 아닐 불,   在 : 있을 재
勝 : 이길(뛰어날) 승,   人 : 사람 인,   自 : 스스로(자기) 자

모든 문제는 나로부터 나온다. 누구나 살면서 만나는 가장 큰 적은 바로 나 자신이다. 자신을 이기지 못하면 다른 사람을 탓하기 쉽다. 자신을 이기고 믿는 것이 자신의 미래와 삶을 결정한다. 지금의 나보다 더 나아지려면 반드시 자신을 이겨야 한다. 자신을 이기는 것이 다 이기는 것이며 가장 강한 것이다. 그러기 위해서는 자신을 향한 엄격한 잣대와 기준이 있어야 한다.

강한 사람은 자신을 탓하고 꾸짖을 줄 아는 사람이다. 약한 사람은 다른 사람 핑계를 댄다. 이는 못난 사람이 하는 짓이다. 모든 것은 나로부터 시작된다. 모든 문제는 자신의 허영과 욕심에서 비롯된다. 그런 자신을 다잡고 헛된 욕망과 그릇된 욕심을 버릴 줄 아는 사람이 강한 사람이다. 한비자韓非子 유로喩老 편에도 이런 가르침이 나온다.

자하子夏는 공자의 제자로 공문십철孔門十哲의 한 사람이다. 그는 시詩와 예禮에 능통했다. 그런 자하가 어느 날 증자曾子를 만났다. 증자가 자하에게,

"그대는 왜 그렇게 살이 올랐습니까?"

라고 물었다. 자하가 대답했다.

"싸움에서 이겼기 때문입니다."

궁금해진 증자가,

"그게 무슨 뜻입니까?"

라고 물었다. 자하가 이렇게 말했다.

"제가 집에서 책을 읽을 때에는 사람이 마땅히 지키고 행해야 할 도덕적 의리를 기쁜 마음으로 공손히 받들어 모시고 그리워하여 이것을 세상에 드러내는 것을 영광으로 삼았습니다. 하지만 밖에 나와 부

유하고 귀한 사람들이 아주 즐거워하는 모습을 보며 이것 역시 간절히 그리워했습니다. 이 두 가지가 제 마음속에서 서로 싸우며 그 승패를 가리지 못했습니다. 그 때문에 그동안 걱정이 되어 몸이 마를 수밖에 없었습니다. 그러나 지금은 사람이 마땅히 지키고 행해야 할 도리, 즉 옛날 어질고 사리에 밝은 사람들의 도의道義가 이겼습니다. 그리하여 정신이 바르게 서고 다른 사람의 부귀를 바라거나 부러워하지 않게 되었습니다. 그래서 이렇게 살이 오른 것입니다."

이것으로 미루어 볼 때 '뜻을 이루기가 어려운 까닭은 다른 사람을 이기는 데 있는 것이 아니고 자신을 이기는 데 있는 것'이다. 그런 연유로 노자老子도 '자기 스스로를 이기는 것이 강하다'라고 한 것이다.

다른 사람을 이기기는 쉽지만 자신을 이기는 것은 어렵다. 자신을 이기기 위해서는 헛된 욕망과 감정을 다스릴 줄 알아야 한다. 욕망과 감정에 치우치면 자신을 망치고 본질을 바로 볼 수 없다. 욕망과 감정을 잘 다스리지 않으면 다른 사람에게 지기 십상이다. 자신을 이겨야 자신의 의지대로 주변 상황과 일을 끌고 갈 수 있다. 나를 해치려는 유혹은 내 안에 수없이 많다. 자신을 정확히 알고 자신과의 싸움에서 반드시 이길 수 있는 의지와 결단이 있어야 한다. 지는 것도 이기는 것도 자기 자신이다. 자기 자신도 이기지 못하면서 어찌 무엇을 바라겠는가.

11

모두가 부러워하는 것은
내 안에 있다

- 기연현 현연사 사연풍 풍연목 목연심

(虁憐蚿 蚿憐蛇 蛇憐風 風憐目 目憐心) : 장자(莊子)

虁 : 외발짐승 기,　憐 : 사랑할(부러워할, 불쌍히 여길) 연
蚿 : 노래기 현,　蛇 : 뱀 사,　風 : 바람 풍,　目 : 눈 목
心 : 마음 심

자신의 삶을 다른 사람과 비교하면 속상할 때가 많다. 나보다 먼저 출세한 사람, 나보다 일찍 명예를 거머쥔 사람, 나보다 더 많은 부富를 지닌 사람, 나보다 더 잘생기고 예쁜 사람을 보면 더더욱 그렇다. 하지만 속상해한다고 결코 스스로가 편안하거나 행복하지 않다. 과연 나보다 더 잘난 사람들은 행복할까? 그렇지 않다. 그들 또한 수많은 번민과 괴로움을 안고 산다. 내가 속상하고 행복하지 않다고 생각하는 것은 결국 '나보다 더 …한 생각' 때문이다. 그것을 버려야 한다. 날마다 누구와 무엇을 비교하며 사는 삶은 행복하지 못하다. 눈에 보이는 모든 것에 마음을 주면 결국 자신만 고달프다. 눈을 안으로 돌리면 그 속에 행복이 있고 편안함이 있다. 남들이 부러워하는 것은 모두 내 안에 있다. 하여, 장자莊子는 말한다.

"자연을 닮고 자연처럼 편하게 살아라."

이 이야기는 장자 외편外篇 추수秋水에 나온다.

기夔는 상상 속의 동물로 발이 한 개밖에 없는 괴상한 짐승이다. 중국의 가장 오래된 지리책인 산해경山海經에 따르면 동해東海에 있는 유파산流波山에 산다고 한다. 그 모양은 푸른색의 소와 같고 뿔이 없으며 한 발로 걷는데 우는 소리가 우레와 같다고 한다.

"기는 노래기蚿내기를 부러워하고 노래기는 뱀을 부러워한다. 뱀은 바람을 부러워하고 바람은 눈目을 부러워하고 눈은 마음을 부러워한다."

이것은 서로 빠르고 더 나은 것을 부러워한 이야기다. 기가 노래기에게 말했다.

"저는 한 개의 발로 뛰어가지만 그대처럼 빨리 갈 수 없습니다. 하지만 지금 그대는 수없이 많은 발을 움직여 갈 수 있으니 혼자서 어찌 그렇게 편할 수 있습니까?"

노래기가 말했다.

"그렇지 않습니다. 그대는 침 뱉는 것을 보지 못하였습니까? 침을 뱉었을 때 그 침이 큰 것은 구슬만 합니다. 작은 것은 안개처럼 보입니다. 그것들이 섞이어 흘러내릴 때 그 수를 이루 다 헤아릴 수 없습니다. 지금 저는 타고난 자연스러운 능력과 재능을 사용할 뿐입니다. 그런 까닭에 그리 편한 줄 모르겠습니다."

그러면서 노래기가 뱀에게 말했다.

"저는 여러 개의 발을 움직여 가지만 발 없는 그대를 따라가지 못합니다. 이것은 어째서 그런 것인가요?"

뱀이 말했다.

"본래 타고난 능력과 재능에 따라 움직이는 것입니다. 어찌 그것을 바꿀 수가 있겠습니까? 저는 타고난 대로 자연스럽게 걸어갈 뿐이기에 어찌 발을 쓸 필요가 있겠습니까?"

뱀이 바람에게 말했다.

"저는 제 등뼈나 갈빗대를 움직여 다니고 있기에 기대거나 의지할 그 모습과 형상은 있습니다. 그러나 지금 그대는 북녘 바다에서 일어나 휙휙 떠돌아다니면서 남녘 바다로 가는데도 그 모양이나 기대는 것이 없으니 어찌된 것입니까?"

이에 바람이 대답했다.

"그렇습니다. 나는 북녘 바다에서 일어나 휙휙 떠돌아 남녘 바다로 들어갑니다. 하지만 사람이 손가락으로 찔러 저를 무찌를 수 있습니다. 저는 그 작은 손가락을 이기지 못합니다. 사람이 발로 저를 밟거나 넘어서도 저는 그 발 역시 이길 수 없습니다. 비록 그러하지만 저는 큰 나무를 꺾을 수 있고 큰 집을 날릴 수 있습니다. 이것은 오직 저만이 할 수 있는 것입니다. 그런 까닭에 작은 것을 이기지 못하는 것이 도리어 큰 것을 이기고 있습니다."

여기서 특이할 만한 점은 '바람은 움직이지 않고도 먼 곳까지 살필 수 있는 눈을 부러워하고 눈은 멀리 내다보지 않더라도 다 아는 마음을 부러워한다'를 첫 부분에서는 언급해 놓고 마지막에는 설명을 생략했다는 것이다. 왜 일까? 장자는 늘 이런 식이다. 읽는 사람으로 하여금 그 여백과 의미를 알아서 챙기라고 한다. 장자가 우화를 통해 어떤 이치와 흐름을 이야기하는 이유가 여기 있다. 해석과 생각은 고스란히 읽는 자의 몫으로 남겨 두는 고도의 여유를 보인다. 장자는 이 우화를 통해 말한다.

"모든 것은 자신 안에 있다. 큰 것을 성취하고 이루는 것이 모두를 이기는 것이 아니다. 아주 작은 것이 큰 것을 이기고 약한 것이 강한 것을 이긴다. 아주 강한 것은 약한 것이고 아주 약한 것이 진정으로 강하다.”

자연自然이란 무엇인가? 사람의 힘이 더해지지 아니하고 세상에 스스로 존재하거나 우주에서 저절로 이루어지는 모든 존재나 상태를 말한다. 장자는 주장한다.

“자연으로부터 받은 그 자체는 변화시킬 수 없다. 따라서 자신이 원래부터 받은 것에 따라 편안하게 살아라. 그렇게 살아야 큰 것을 이길 수 있다. 자연과 하늘로부터 받은 그대로 살아라. 남을 부러워하거나 시기하지 마라.”

행복은 멀리 있지 않고 내 마음속에 있다는 사실을 잊지 마라. 그것이 제대로 사는 방법이다.

12

지나친 욕심을
버려라

- 유좌지기(宥坐之器) : 순자(荀子)

宥 : 도울(오른쪽) 유,　　坐 : 앉을 좌,　　之 : 어조사 지,　　器 : 그릇 기

지나침은 모자람과 같으며 욕심으로부터 온다. 욕심을 제대로 다스리지 않으면 마지막에는 큰 낭패를 부른다. 사람의 욕심은 끝이 없다. 자신의 그릇에 맞게 적당히 채우고 나머지는 탐내지 말아야 한다. 그래야 온전할 수 있다. 더 많이 채우려 할수록 탈만 커진다. 탐욕은 신기루와 같다. 만족할 줄 모르는 마음으로 인해 자신은 물론 패가망신敗家亡身하는 사례를 수없이 본다. 다른 누구의 탓이 아니라 오롯이 자신의 탓이다. 지나친 욕심으로 번민하는 사람들이 새겨야 할 말이 '유좌지기宥坐之器'다. 다음은 순자荀子 유좌宥坐 편에 나오는 이야기다.

예전에 공자孔子가 노魯나라 환공桓公의 사당에 갔다. 가서 자세히 살펴보니 그곳에 한쪽으로 기울어진 그릇이 있었다. 궁금해진 공자가 그것이 무슨 그릇인지를 사당지기에게 물었다. 그러자 그가 말했다.

"이것은 군주君主가 오른쪽에 놓아두고 살펴 조심하고 스스로를 다잡는 그릇입니다."

이에 공자가 말했다.

"제가 듣기에 '유좌기宥坐器는 비어 있으면 기울어지고 넘치거나 모자라지 않게 적당히 차면 바르게 되고 가득 차게 되면 엎어진다' 라고 했습니다."

공자가 제자들을 돌아보며 말했다.

"물을 떠다 유좌기에 부어라."

제자들이 물을 붓자 적당히 물이 차면 바르게 있고 물이 가득 차면 엎어졌으며 물이 없으면 기울어졌다. 공자가 탄식하며 말했다.

"아, 가득 차 있으면서도 뒤집히지 않는 자를 미워함이여!"

유좌지기는 선비들이 가슴 깊이 새겼던 말이자 그릇이었다. 늘 평상심을 유지하고 지나친 욕심을 부리지 않기 위해서였다. 스스로를 경계하여 흔들림 없이 바르게 살고자 했던 마음이 있었기 때문이었다. 즉, 마음을 다스리고 자신을 돌아볼 수 있는 그릇으로서 유좌지기를 가슴에 품고 살았던 것이었다.

계영배戒盈杯도 유좌지기에서 유래한다. 계영배는 문자 그대로 '가득 차는 것을 경계하는 잔'이다. 지나치게 술을 마시면 반드시 문제가 생긴다. 그것을 경계하기 위해 잔에 술이 어느 정도 차면 새어 나가도록 만든 잔이다. 조선 시대 경기도 광주廣州 분원에서 도자기를 만들던 도공 우명옥이 술과 여자를 가까이하는 방탕한 생활로 몸과 마음을 버린 후 자신의 잘못을 깨닫고 계영배를 스승에게 만들어 바쳤다고 한다. 그 후 계영배는 평안북도 의주 거상巨商 임상옥이 가지게 되었다고 한다. 그는 상도의商道義를 지킨 유명한 장사꾼으로서 '장사는 곧 사람이고 사람이 곧 장사다商則人 人則商'라는 유명한 말을 남겼다. 그가 지니고 있던 계영배에는 이런 글귀가 새겨져 있었다고 한다.

"가득 채워 마시는 것을 경계하기 바란다. 그리고 너와 더불어 함께 죽기를 원한다戒盈祈願 與爾同死."

거상 임상옥 또한 이 계영배를 보며 탐욕을 경계하며 상인商人으로서의 바른 길을 생각하며 마음을 다스렸던 것이다. 세상사 모든 것이 그렇다. 그 정도程度와 선線을 넘으면 도리어 위태롭다. 무엇이든 적당한 게 좋다. 늘 스스로의 마음을 너무 지나치거나 부족하지 않게 바로잡고 적당히 맞춰 나가는 것이 중요하다. 그것은 어느 경우나 상황에도 흔들리지 않는 마음, 즉 평상심이다. 평상심은 어떤 상황에도 생각과 감정, 마음이 움직이지 않는 상태를 말한다. 그래서 선인들도 이런 마음을 지니려고 유좌지기를 가슴에 새겼던 것이다. 탐욕과 과욕은 자신을 무너뜨리는 가장 무서운 적이다.

13

섣부른 판단은
화를 부른다

- 양포지구(楊布之狗) : 한비자(韓非子)

楊 : 버드나무 양,　布 : 베 포,　之 : 어조사(…의) 지
狗 : 개 구

외모가 대세고 성형 열풍 시대다. 명품 가방과 옷들이 불티나게 팔리는 세상이다. 간판이 실질을 밀어내고 있다. 물론 겉모습과 첫인상은 중요하지만 전부는 아니다. 내용과 실질보다 크고 화려함이 대접받는 세상은 좋은 세상이 아니다. 예로부터 '합금으로 만든 칼은 그 빛깔만으로는 날카로움을 알 수 없고 무엇이든 베어 봐야 예리함을 알 수 있다'라고 했다. 사람을 보는 것도 이와 같다. 용모나 복장, 하는 말만 들어서는 그 사람의 식견과 자질을 자세히 살필 수 없다. 객관적이고 확실한 기준과 잣대, 사람을 볼 줄 아는 능력과 지혜를 가지고 있을 때만이 그 사람의 가치와 식견을 파악할 수 있다. 허장성세의 시대, 겉치레만 숭상하는 세태를 꼬집는 말이 '양포지구楊布之狗'가 아닌가 싶다. 이는 '겉모습이 변한 것만 보고 그 본질이나 내용까지 변한 것으로 미리 판단한다'라는 뜻이다. 한비자韓非子 설림說林 하편에 나온다.

양주楊朱는 중국 전국 시대戰國時代 학자이자 사상가다. 그는 자신만 즐거우면 좋다는 이기적 쾌락설과 자연주의를 주장하며 지나침을 경계한 학자였다. 양주에겐 아우가 있었다. 그의 이름은 양포楊布였다. 아우인 양포가 어느 날 흰옷을 입고 밖에 나갔다. 그런데 갑자기 날씨가 나빠져 비가 내렸다. 양포는 옷이 비에 젖고 더렵혀질까 걱정되어 검은 옷으로 갈아입고 집으로 돌아왔다. 그러자 집에서 기르던 개가 양포를 이상하게 여기고 마구 짖기 시작했다. 화가 난 양포가 개를 때리려고 했다. 이에 그의 형인 양주가 말했다.

"아우야, 때리지 마라. 너도 역시 이 개와 같이 잘못하는 경우가 있을 것이다. 만약 너의 개가 흰색으로 밖에 나갔다가 검은색으로 돌아온다면 너 또한 이상하게 생각하지 않겠느냐?"

백왕흑귀白往黑歸라고도 부르는 양포지구는 '모든 것을 단지 겉으로 드러나는 것으로만 판단하지 마라'라는 이야기다. 겉모양이 달라졌다고 결코 본질이나 내용이 변한 것은 아니다. 단지 그렇게 보일 뿐이다. 겉모양만으로 생각하고 판단하면 가장 중요한 본질과 핵심을 놓칠 수 있다. 단지 밖으로 보이는 것만이 모두가 아니다. 겉모양이 전부라는 생각과 판단은 참으로 어리석다. 본질과 핵심은 눈에 잘 보이지 않는다. 겉으로 보이는 것에 쉽사리 마음을 빼앗기면 안 된다. 누에의 몸속에 비단緋緞이 있음을 기억하라.

더디더라도
앞으로 나아가라

- 유수지위물야 불영과 불행(流水之爲物也 不盈科 不行) :

맹자(孟子)

流 : 흐를 류,　水 : 물 수,　之 : 어조사 지,　爲 : 할 위
物 : 물건(성질) 물,　也 : 어조사 야,　不 : 아닐 불
盈 : 찰(채울) 영,　科 : 웅덩이 과,　行 : 갈 행

물은 모든 것을 감싸고 이롭게 하지만 자신은 이득을 취하지 않는다. 물은 그 어느 누구와도 다투지 않고 언제나 가장 낮은 곳에 자리한다. 그것이 물의 본연이고 특성이다. 물은 흘러가는 것이며 흐르는 물은 발전과 변화를 꿈꾼다. 이는 고여 있는 물에게서는 얻을 수 없는 가치다. 물은 바위를 만나면 돌아가고 웅덩이를 만나면 반드시 채운다. 웅덩이는 흘러가는 물이 만

나는 시련이고 고난일 수 있다. 하지만 그 웅덩이를 채우지 않으면 앞으로 나아갈 수 없다. 채워야 하는 것이 물의 숙명이고 필연이다. 채우는 노력 없이는 바라는 것을 이룰 수 없다. 채우고 나아가고 또 채우고 나아가야 시내가 되고 강이 되고 바다가 될 수 있다. 맹자孟子는 군자君子가 자신을 수양하고 그것을 실천함에 있어 물과 같이 하라고 가르친다. 이는 맹자 진심장구盡心章句 상편에 나온다.

"흐르는 물은 웅덩이가 채워지지 않으면 앞으로 나아가지 않는다. 군자가 도에 뜻을 두었으나 문장을 이루지 못하면 사물의 이치나 지식을 훤히 알지 못한 것이다."

즉, 군자는 그 순서에 따라 차근차근히 배우고 익혀야 한다는 것이다. 물이 흐를 때 웅덩이를 만나면 반드시 채운 뒤에야 나아가듯이 배우고 익히는 것도 마찬가지라는 의미다. 다시 말해 순서를 익히고 처음부터 하나씩 천천히 나아가야 함을 강조한 것이다. 뭐든지 한꺼번에 되는 것은 없다. 자신을 갈고닦고 문장을 쌓고 학문을 배우고 익히는 것 또한 차곡차곡 쌓아 두터워지는 것이다. 그러기에 서두르지 말고 천천히 나아가라는 가르침이다. 또 맹자는 자포자기하거나 중도에 포기해서는 안 된다고 이야기한다. 앞으로 나아가지 않고 중도에서 포기하면 지금까지의 노력은 물거품이 된다. 날마다 새로워진다는 것은 포기하지 않고 날마다 조금씩 나아간다는 의미다. 진심장구 상편을 따라가 보자.

"어떤 일을 하는 것은 우물을 파는 것과 비슷하다. 우물을 아홉 길이나 팠더라도 샘물에 이르지 못하면 오히려 그 우물을 버리는 것이 된다."

우리 인생도 이와 같다. 노력 없이는 무엇이든 얻을 수 없다. 오늘의 편안함과 달콤함에 마음을 빼앗기면 빠르게 변하는 세상에 적응할 수 없다. 세상은 하루가 다르게 쉼 없이 변해 간다. 변화를 두려워하지 말고 더디지만 앞으로 나아가라. 그렇지 않으면 제자리에 머물거나 뒤떨어진다. 부족함을 채우고 고통과 시련, 어려움을 극복하며 앞으로 나아가야 한다. 그러면 자신이 바라고 원했던 것을 반드시 만나고 얻을 수 있다. 천천히 앞으로 가는 우직함, 늦더라도 계속 가는 것이 삶의 지름길이다. 멈추지 않는 노력과 흔들림 없는 성실함이 마침내 당신을 우뚝 세울 것이다.

15

부단히 노력하면
못할 것이 없다

- 계이불사 금석가루(鍥而不舍 金石可鏤) : 순자(荀子)

鍥 : 새길 계,　而 : 말 이을 이,　不 : 아닐 불
舍 : 버릴(포기할) 사,　金 : 쇠 금,　石 : 돌 석
可 : 옳을 가,　鏤 : 새길 루

세상엔 공짜, 거저 얻어지는 것은 아무것도 없다. 무언가를 이루고 성공을 바라는 사람은 끝까지 최선을 다해야 한다. '꿈꾸는 사람만이 세상을 바꿀 수 있다'라는 말이 있다. 그러기 위해서는 포기하지 않고 꾸준히 노력해야 한다. 꿈꾸면서 노력하지 않으면 그 꿈은 단지 꿈으로만 존재할 뿐이다. 자신이 바라는 목표를 이루기 위해서는 열심히 자신을 갈고닦으며 앞으로 나

아가야 한다. 가는 길이 괴롭고 힘들더라도 겁내지 말고 꾸준히 가야 한다. 노력하면 반드시 바라는 것을 얻을 수 있기 때문이다. 순자荀子도 '계이불사 금석가루鍥而不舍 金石可鏤'라고 했다. '어떤 것을 새길 때 중도中途에서 포기하지 않으면 쇠붙이와 돌에도 무늬를 새길 수 있다'라는 뜻이다. 이는 순자가 한비韓非에게 가르침을 준 것인데 그의 책 순자 권학勸學 편에 나온다.

"반걸음의 노력이라도 모이지 않으면 천 리 길에 다다를 수 없다. 작은 시냇물들이 모이지 않으면 커다란 강과 바다를 만들 수 없다. 천리마는 한 걸음, 한 번 뛰어서 천 리를 갈 수 없다. 늙고 쇠하여 둔한 말도 쉬지 않고 열심히 열흘을 가면 천 리에 이를 수 있다. 노력과 수고를 들여 공을 쌓는 일을 포기하지 않으면 반드시 바라는 바를 이룰 수 있다.

새기거나 깎아서 형상을 만드는 일도 이와 같다. 조각을 하다가 포기하거나 멈추면 썩은 나무를 파거나 그것에 새길 수 없고 그것을 쪼갤 수도 없다. 새기고 깎아서 형상을 만드는 일을 하면서 중도에서 그만두지 않고 계속하면 쇠붙이와 돌에도 무늬를 새길 수 있다.

지렁이는 손톱이나 어금니 같은 날카로움이나 뾰족함이 없다. 근육과 골격이 크고 튼튼하지도 않다. 그런데도 위로는 티끌 같은 흙을 먹고 아래로는 땅속의 샘물을 마신다. 이것은 지렁이가 마음 쓰는 것이 늘 한결같기 때문이다.

그러므로 조용하고 참되고 성실한 마음과 뜻이 없는 사람은 빛나고 밝은 것이 없다. 모든 일에 참되고 성실한 마음과 힘을 들이지 않는 사람에게는 뚜렷하고 빛나는 공로나 업적이 없다. 네거리나 두 갈래 길을 한꺼번에 가는 사람은 원하는 목적지에 다다르지 못한다. 두 임금을 모시고 섬기는 사람은 너그러운 마음으로 받아들일 수 없다. 두 눈이 따로따로 양쪽을 한꺼번에 보면 밝을 수 없다. 두 귀가 서로 따로따로 들으면 들은 것을 오래도록 기억할 수 없다."

순자가 우리에게 말하고 싶은 것은 '한결같은 마음'이다. 순자는 인간의 노력이 하늘을 이긴다고 했다. 무엇을 하건 쉬지 않고 꾸준히 노력하라는 가르침이다. 이는 하다가 중지하면 아무것도 이룰 수 없다는 평범한 진리를 다시금 돌아보게 한다. 어떤 일을 할 때 가장 두려운 적은 중도에 그만두는 것이다. 어디서 무엇을 하든 열심히 최선을 다하여 끝까지 가 보자. 그런 사람만이 성공의 문을 열 수 있다.

16

커다란 어려움도
두려워하지 마라

- 임대난이불구(臨大難而不懼) : 장자(莊子)

臨 : 임할 임,　大 : 클 대,　難 : 어려울 난,　而 : 말 이을 이
不 : 아닐 불,　懼 : 두려워할 구

세상을 살다 보면 뜻하지 않게 어려움에 처할 때가 많다. 자신과 관계가 있는 경우에는 더더욱 놀라고 당황해한다. 하지만 한발 물러서서 생각하면 그리 놀랄 일도 아니다. 극복할 수 없는 두려움과 어려움은 없다. 두려움과 어려움은 피하는 것이 아니라 맞서 이겨 내는 것이다. 두려움을 차근차근 극복하다 보면 더 큰 두려움도 이겨 낼 수 있다. 어떠한 위험이나 곤경에 맞닥뜨려도 두려워하거나 당황하지 않는 용기와 자세, 당당하게 나아가

는 실천 의지가 필요하다. 확신에 찬 용기와 기개 앞에 두려움은 설자리를 잃는다. 믿음과 용기가 있으면 죽음도 두렵지 않다고 하지 않았던가. 두려움과 어려움, 절망 앞에서 겁내지 않고 자신을 지킬 수 있는 힘은 굳센 의지와 끄떡없는 용기다. 그 어려움을 도저히 피할 수 없을 때는 용감히 맞서 싸워라. 그것이 이길 수 있는 유일한 방법이다. 이와 비슷한 이야기가 장자莊子 추수秋水 편에 나온다.

공자孔子가 송나라 광匡이라는 지역에서 노닐고 있었다. 그런데 갑자기 그곳 사람들과 병사들이 공자를 해치려고 여러 겹으로 둘러쌌다. 하지만 공자는 무서워하거나 두려워하지 않고 차분히 앉아 거문고를 연주하며 노래 부르기를 멈추지 않았다. 제자인 자로子路가 공자에게 말했다.

"어찌하여 선생님께서는 그렇게 즐거워하십니까?

공자가 말했다.

"내가 이제껏 생활이나 처지가 어려웠고 말과 행동이 떳떳하거나 버젓하지 못한 지경에 이른 것을 싫어한 지 오래되었다. 허나 그것을 벗어날 수 없는 것은 다 하늘이 내린 운명일 것이다. 또한 생각과 뜻대로 통하기를 오래도록 바랐다. 하지만 그대로 되지 않는 것은 아직 때를 얻지 못했기 때문이다. 무릇 물속을 다니면서도 교룡蛟龍 : 상상 속의 동물로 큰비를 만나면 승천하여 용이 된다고 한다. 네 다리가 있고 뱀같이 생겼고 머리에 흰 혹과 비늘이 있다고 한다. 을 피하지 않는 것이 고기 잡는 사람들의 용기다. 땅 위를 다니면서도 외뿔소코뿔소의 암컷나 호랑이를 피하지 않는 게 사냥꾼의 용기다. 서슬이 날카로워 희게 보이는 칼날이 눈앞에서 왔다 갔다 해도 죽음을 삶과 같이 여기는 것이 나라를 위해 절개를 지키며 충성을 다해 싸운 사람들의 용기다. 사정이 몹시 딱하고 어려운 처지에 이르러도 하늘이 내린 운명인 줄 알고 뜻대로 되려면 때가 있는 줄을 알아 큰 어려움을 만나더라도 두려워하지 않는 것이 성인의 용기다.

자로야, 너의 자리로 돌아가거라. 하늘이 내린 나의 운명은 이미 정해져 있단다. 염려하지 마라.”

얼마 후 공자가 있는 곳에 무장한 군사를 데리고 장군이 나타났다. 그가 사과하며 말했다.

“저희는 선생께서 양호陽虎라는 사람인 줄 알고 포위했습니다. 이제 보니 아닌 것 같습니다. 사과를 바라며 물러갑니다.”

이들이 공자를 양호라는 사람으로 잘못 본 것이다. 공자의 생김새가 양호와 비슷했기 때문에 빚어진 해프닝이었다. 양호는 춘추시대春秋時代 노魯나라 계손씨季孫氏의 가신家臣이었다. 그는 노나라의 국정을 어지럽히고 후에 반란도 일으켰다. 그는 광이란 땅에서 도리에 어그러지고 흉악한 짓을 많이 했다. 사람을 죽이고 온갖 나쁜 짓을 저질렀기에 그곳 사람들이 양호에게 깊은 원한을 갖게 되었다. 그런데 마침 생김새가 비슷한 공자가 지나가는 바람에 그를 양호로 잘못 보고 해치려 한 것이다.

모든 것은 마음먹기에 달려 있다. 어떤 위험과 곤경에 빠지더라도 두려워하거나 어려워하지 않는 자세가 필요하다. 세상일은 마음대로 쉽게 되는 것이 아니다. 늘 자신을 믿고 당당하게 대처하는 마음과 자세가 필요하다. 희망과 용기가 있으면 어떤 커다란 어려움도 이겨 낼 수 있다. 하여, 애써 꺾일 필요가 없다. 모진 시련과 절망 속에서도 꽃은 피고 희망은 자란다. 겁내거나 두려워마라. 극한의 시련도 즐길 줄 알아야 한다. 자신이 떳떳하면 무엇이 두려우랴. 두려워하면 진다. 당당히 맞서라. 그러면 그 어려움 또한 지나가리라.

17

만족할 줄 알면
행복하다

知 : 알 지,   足 : 넉넉할(풍족할) 족,   仙 : 신선 선
境 : 곳(장소, 지경) 경

"더 높이, 더 멀리, 더 빨리."

올림픽 구호가 아니다. 오늘을 사는 사람들의 욕망을 나타내는 말이다. 대부분의 사람들은 남보다 더 높이 올라가고 더 많이 얻고 더 빨리 성과를 내야 한다는 강박감과 조바심 속에 산다. 하여, 스스로 행복하지 않다 생각하고 만족할 줄 모른다. 행복은 명예나 지위도 성적순도 돈의 많고 적음도 아니다. 행복은 돈으로 살 수 없다. 편안한 마음으로 분수와 처지를 지키며 만족할

때 행복은 내 곁에 있다. 세상살이는 마음먹기에 달렸다. 살기 힘든 세상에서 주어진 것들에 감사하며 열심히 사는 게 행복의 첫째 조건이다. 행복과 불행은 모두 내 마음으로부터 온다. '지족선경知足仙境'이 그런 말이다. 이 말은 중국 명明나라 말기 환초도인還初道人 홍자성洪自誠이 쓴 채근담菜根譚 후집 21장에 나온다. 전집이 세파에 시달리며 살아가는 생활신조를 수록한 것이라면 후집은 자연을 벗 삼아 살아가는 즐거움을 담고 있다.

"눈앞에 다가오는 모든 일에 만족하는 사람에게는 그가 있는 곳이 신선이 사는 세상이요, 만족하지 못하는 사람에게는 괴롭고 힘든 속세일 뿐이다. 세상에 나타나는 모든 인연을 올바르게 사용하면 세상 만물을 살리게 된다. 하지만 바르지 않게 사용하면 그것은 세상 만물을 죽이게 된다."

물질적 풍요나 여유, 사회적 지위나 명예가 없더라도 행복할 수 있다. 행복은 마음에 있기 때문이다. 행복은 주어지는 것이 아니라 가꾸어 가는 것이다. 날마다 '나는 행복하다'를 외치면 진정으로 행복해질 수 있다. 자기 암시나 자기 확신이 그런 결과를 가져온다. 만족할 줄 알면 마음이 부자가 되지만 만족할 줄 모르면 마음이 가난한 사람이 된다. 따라서 만족할 줄 아는 삶을 살아야 행복하다. 안분지족安分知足도 그런 말이다. 자신의 분수와 본분을 알고 만족하며 사는 것이야말로 생활 속에서 가장 필요한 가치고 지혜다. 또 행복은 사람들과 함께 만들어 가는 것이다. 행복은 그들과의 만남과 소통, 나눔을 통해 배가될 수 있다. 긍정적으로 생각하고 즐겁게 생활하면 주변에서 소소한 행복을 느낄 수 있다. 자신의 삶에 보람과 의미를 부여하면 행복이 다가옴을 알 수 있다. 만족하지 못하면 불만이 쌓이며 불만이 넘치면 스스로를 지치게 한다. 그러면 행복은 저 멀리 달아나고 만다. 늘 만족하고 감사하라. 그런 마음과 자세로 사는 것이 바로 행복의 지름길이다. 행복은 모두 내 안에 있다.

사람 사귀기

1

잘남을 접고
세상 사람들과 함께 하라

- 화광동진(和光同塵) : 노자(老子)

和 : 화할 화,   光 : 빛 광,   同 : 한 가지 동,   塵 : 티끌 진

주변에는 제 잘났다고 행동하는 사람들이 많다. 하지만 세상 사람들이 알아주지 않으면 십상팔구 망신을 당할 수밖에 없다. 겸손을 모른 채 자신의 지혜와 총명, 재기를 뽐내다가 하루아침에 나락으로 떨어질 수 있다. 이는 진정한 앎과 빛남이 무엇인지 몰라서 빚어진 일들이다. 밖으로 보이는 화려함은 허망한 존재다. 어설픈 지혜나 총명은 자랑할 것이 못된다. 세상 속에 답이 있다. 세상 사람들과 함께 뒹굴고 그 속에서 겸손과 절제,

너그러움을 배우고 익혀야 한다. 세상의 이치를 제대로 아는 것이 참으로 지혜롭고 총명한 것이다. 그렇지 않으면 제아무리 지혜와 총명이 빛난다 해도 그것은 신기루와 다름없다. 세상을 살면서 우리가 한 번쯤 새겨야 할 말이 '화광동진和光同塵'이다. 이것은 '빛을 부드럽게 하여 세상의 티끌과 함께한다'라는 뜻이다. 더 풀어 이야기하면 '자신의 지혜와 덕을 밖으로 드러내거나 자랑하지 않고 세상 사람들과 어울려 지낸다'라는 의미로 노자老子 제56장 현덕玄德에서 비롯된다.

"진짜 제대로 아는 사람은 말이 없다. 말하는 사람은 제대로 알지 못한다."

여기서 제대로 아는 사람이란 현상과 실체에 대해 그 속을 꿰뚫고 있는 사람이다. 즉, 자연의 도를 깊이 생각하여 그 이치를 깨닫고 아는 사람을 말한다. 이 수준에 이른 사람은 말이나 주장을 하지 않으며 번잡한 명령이나 지시 또한 하지 않는다. 그는 자신의 공적이나 주장을 내세우지 않는다. 스스로 잘 안다고 말하는 자는 진짜로 알고 있지 못한 사람이다. 그런 사람은 다른 사람들을 괴롭히거나 귀찮게 한다. 그만큼 지혜와 수에서 밀린다는 뜻이다.

"제대로 아는 사람은 눈, 코, 귀, 입으로 드나드는 모든 욕망의 원천을 막아 버린다. 그리고 욕망이 드나드는 문도 닫아 버린다. 그 날카로움을 꺾어 버리고 마음의 엉클어짐을 풀어 버린다. 자신의 눈부신 빛을 부드럽게 하고 티끌 같은 세상에서 모든 사람들과 함께한다."

진정으로 잘 아는 사람은 밖으로 보이는 관능적, 세속적 쾌락이나 욕구를 아예 막아 버리고 그것들이 드나드는 문조차 닫아 버린다. 또한 자신의 지혜나 총명함을 무디게 하고 날카로움의 끝을 둥글고 부드럽게 한다. 이것은 자신의 주관적인 주장이나 가치로써 남을 괴롭히고 귀찮게 하지 않으려는 것이다. 그런데 우리는 어떤가? 사람들은 자신의 주장과 명예, 지위 등만을 내세우고 빛나고자 한다. 하지만 그것은 밖으로 보이는 부질없는 행위일 뿐이다.

"참으로 알고 지혜로운 사람은 세속적이고 번잡한 것들을 인정하지 않지만 세상 사람들과 함께 어울린다."

그러면서 부드럽고 조화롭게 모두를 널리 고르게 밝혀 준다. 그는 혼탁하고 더럽고 소란스러운 세상에서 늘 그들과 함께한다. 자신의 빛과 지혜를 감추고 무디고 둥글게 하여 세상 사람들과 소리 없이 한 몸이 되는 것이다. 세상 사람들과 함께 뒹굴되 세상의 관념이나 잣대로 자신의 지식이나 공적, 잘남과 빛남을 자랑하지 않는다. 나아가 자기 존재조차 내세우지 않는다. 이러한 경지에 이르면 인간관계에서도 친함과 소홀함, 이로움과 해로움이 없으며 귀함과 천함의 구별도 있을 수 없다. 이렇듯 세상의 번잡하고 귀찮은 일들을 초월했기 때문에 결국 모든 사람들이 그를 높이 받들게 된다.

2

남의 허물은 덮어 주고
선행은 널리 알려라

- 은악이양선(隱惡而揚善) : 중용(中庸)

**隱 : 숨길 은,　惡 : 악할 악,　而 : 말 이을 이,　揚 : 올릴 양
善 : 착할 선**

우리 사회의 대립과 갈등이 심각한 지경에 이르렀다. 아집인지 집착인지 모르지만 보는 사람들은 답답하다. 도무지 상대를 인정하지 않고 서로에게 흠집 내는 데에만 정신이 팔려 있다. 모든 게 적과 동지의 이분법이다. 자신은 늘 옳고 상대는 언제나 그르다. 아무리 좋은 대안과 논리를 내놔도 우리 편이 아니면 쓸모없는 것으로 여긴다. 칭찬은 온데간데없고 비방과 나무람만 넘쳐 난다. 이래서야 어찌 함께 사는 세상이라 할 수 있을까?

세상 모든 일에는 다름이 존재하므로 그 다름을 인정해야 한다. 그래야 통할 수 있다. 상대의 말을 주의 깊게 듣고 그 속에 담긴 생각을 가늠해야 한다. 사람은 누구나 완벽할 수 없으므로 당연히 실수나 허물이 있을 수 있다. 그 허물을 덮어 줄 줄 알아야 지혜로 운 사람이다. 갈등은 또 다른 갈등을 낳을 뿐이다. 상생의 길은 멀 리 있는 게 아니다. 남의 허물은 덮어 주고 선행은 칭찬하는 것이 그 시작일 수 있다. 중용中庸 6장 순舜 임금의 지혜를 살펴보자.

"순 임금은 큰 지혜를 지니신 분이시다. 순 임금은 묻기를 좋아하 셨다. 하찮은 말도 살피기를 좋아하셨다. 다른 사람의 허물을 덮어 주 시고 다른 사람의 착한 일은 널리 드러내셨다. 악함과 착함, 그 두 끝 을 잡으시고 가운데를 백성들에게 쓰셨다. 이것이 바로 순 임금이 되 신 까닭이다."

순 임금은 임금이 되기 전에 손수 논밭을 일구어 농사를 지었으 며 질그릇을 굽기도 했다. 늘 일반 백성과 함께 생활하면서 그들 을 감동시키고 가르쳐 변화시키고자 했다. 순 임금이 실천한 핵심 은 이렇다. 다른 사람들에게 묻고 그것이 이치에 맞으면 행했다. 함께 생활하는 주변 사람들의 하찮은 말에도 귀를 기울여 무시하지 않고 두루 살폈다. 다른 사람들이 혹여 잘못을 하면 그 허물을 감추고 드러내지 않았다. 반대로 다른 사람이 착한 일을 하면 널리 드러내 퍼뜨렸다. 자신 또한 남의 착한 일을 따라 했고 다른 사람이 계속해서 착한 일을 할 수 있도록 도왔다.

순 임금이 넓고 밝게 행동한 까닭에 사람들은 자신이 한 착한 일을 즐거이 널리 알리려 했다. 그렇게 된 까닭은 순 임금이 착한 것 중에서도 두 끝을 잡아 헤아려서 그 가운데中를 취했기 때문이다. 두 끝이라 함은 어떤 일에 관해 의견을 주고받을 때 다름의 양 끝으로서 예컨대 작고 크고, 두텁고 얇은 것과 같다. 그런 연후에 행하니 그가 가리키는 것은 자세하고 행하는 것은 더할 수 없이 깍듯했다. 이렇게 할 수 있었던 것은 그가 따르는 규칙이나 법도가 정밀하고 적절하여 어긋남이 없었기 때문이다. 순 임금이 이러한 지혜를 지닐 수 있었던 것은 어떤 일을 할 때 자신의 지혜만을 맹신하여 사용하지 않고 다른 사람의 의견과 지혜를 묻고 받아들여 행했기 때문이다.

경청과 두루 살핌, 공정한 일 처리 그리고 착한 일에 대한 무한한 칭찬이 순 임금이 백성을 가르치고 이끌어 좋은 방향으로 나아가게 할 수 있었던 핵심이다. 이를 통해 순 임금 역시 지혜로운 사람이 된 것이다. 비록 반대편에 서 있을지라도 잘한 것은 잘했다

고 칭찬해 주자. 그것이 함께 사는 세상이다. 아군을 늘리고 적군
을 줄이자. 그래야 현명하고 지혜로운 사람이다.

낮추고 구부리면 온전하다

- 곡즉전(曲則全) : 노자(老子)

曲 : 굽을 곡, 則 : 곧 즉, 全 : 온전할 전

세상에 존재하는 모든 것들은 나름 의미가 있다. 쓸데없고 비뚤어지고 모자라고 하잘것없는 것이라도 말이다. 하지만 사람들은 이익이 되지 않는 것에는 관심조차 없다. 모두가 더 많은 부와 명예, 빠른 성공을 위해 뒤돌아보지 않고 앞으로만 달려간다. 이런 것을 평화롭고 온전한 삶이라 할 수 있을까? 나무를 보자. 곧고 잘생긴 나무는 사람들이 좋아하고 필요로 한다. 따라서 꺾이고 잘리기 쉽다. 하지만 굽은 나무는 어떤가? 그럴 염려가 별로 없다. 굽어 있어 잘라 봐야 별 쓸모가 없다. 그러므로 생명을 보전하는 데 덜 위험하다. 동구 밖 느티나무를 보라. 굽어 있고 틀어지고 제멋대로라서 재목으로 쓰기에는 뭔가 부족하다. 하지만 마을 사람들에게는 그늘과 쉼터를 제공하는 참으로 소중한 존재다. 그래서 사람들은 굽은 느티나무를 좋아하고 해치지 않는다. 그 느티나무는 베어질 걱정 없이 생명이 다할 때까지 마을 사람들과 함께할 수 있다. 조금은 모자라지만 자신을 낮추고 드러내지 않으면 온전할 수 있다. 이런 이야기가 노자老子 제22장 익겸益謙 편에 나온다.

"구부러지면 본바탕을 고스란히 보존할 수 있다. 굽히면 기대와 달리 곧게 뻗을 수 있다. 움푹 파이면 채울 수 있다. 낡고 해어지면 생각과 달리 새롭게 될 수 있다. 적으면 도리어 많이 얻을 수 있다. 많으면 정신이 헷갈려 갈팡질팡 헤맬 수 있다.

그런 까닭에 성인聖人은 도道를 받들고 지킴으로써 세상에서 마땅히 따르고 지켜야 할 가치 판단의 기준과 규범이 된다. 그는 스스로 남들 앞에 나타내지 않기에 더욱 밝게 드러난다. 스스로 옳다고 하지 않기에 도리어 옳게 빛난다. 스스로 뽐내거나 자랑하지 않기에 그 공로가 더 두드러진다. 스스로의 능력을 자만하거나 뽐내지 않기에 더욱 오래라고 인정받을 수 있다. 그는 어떠한 경우에도 반드시 다른 사람과 다투지 않는다. 그러므로 세상에서 그와 다툴 수 있는 상대나 대상은 아무것도 없다."

겸손하여 갈등을 만들지 않고 다투지 않으면 세상살이가 편안하다. 그것이 자신을 온전히 지키는 방법이다. 구부러지고 파이고 해어진 것은 모자람, 낮춤, 비움, 양보와 같은 의미다. 하지만 이것들은 온전하고 평화롭고 곧고 채우고 새롭고 빛나는 것들을 모은다. 그러므로 새롭고 빛나고 채우고 오래가려면 낮은 데로 임해야 한다. 저 아래 아무도 가지 않으려는 바닥에서 시작하면 최고에 이를 수 있다. 그리하여 종국에는 채울 수도 새로울 수도 빛날 수도 있다.

노자는 '많이 갖는 것보다 갖지 않는 것, 싸워 이기는 것보다 싸우지 않는 것, 적극적으로 자신을 나타내기보다 뒤에 조용히 있는 것, 쓰이기보다 쓰이지 않는 것'이 더 소중하다고 가르친다. 이것은 패배주의가 아니다. 더 큰 것을 얻고 영원한 승리자가 되려는 대범한 배짱이자 철학인 것이다. 세상살이에 꼭 필요한 것이 겸손한 마음과 자세다. 곧이곧대로 앞으로만 나아가는 것보다 에둘러가는 것이 더 낫고 위험이 덜 따른다. 스스로를 낮추면 오히려 존

경받고 더 좋은 일을 만나게 된다. 세상사 곡즉전처럼 늘 겸손하
고 낮은 자세로 살아가자.

4

나의 단점을
표현하라

- 휘질기의(諱疾忌醫) : 사기(史記), 한비자(韓非子)

諱 : 숨길(꺼릴) 휘, 疾 : 병 질, 忌 : 꺼릴 기, 醫 : 의원 의

살다 보면 누구나 숱한 일을 겪게 된다. 그 과정에서 자기가 속한 집단이나 가족 그리고 자신에게 이익이 될 때도 있고 불리할 때도 있다. 보탬이 될 때에는 문제가 없다. 해(害)가 되거나 불리할 경우라도 자신의 단점과 약점을 솔직하게 드러내는 게 일을 원만히 처리하고 해결하는 데 커다란 도움이 된다. 그렇지 않으면 일이 커져 마지막에는 수습할 수 없는 지경에 이른다. 무엇보다 남의 충고를 잘 듣고 진심으로 받아들일 줄 아는 아량과 자세가 중요하다. 다른 사람의 조언이나 충고를 귓등으로 들었다가 큰 곤욕을 치를 수 있다. 일이 커지기 전에 자신의 잘못과 단점을 솔직하게 보이고 고쳐 나가는 것이 현명한 사람의 태도이고 자세다. 이런 상황에 딱 맞는 말이 '휘질기의諱疾忌醫'다. 이는 '의원에게 병病을 보이기를 꺼린다'라는 뜻으로 '자신의 잘못과 단점을 내보이지 않고 다른 사람의 충고를 듣지 않는 데서 생기는 병통과 폐단'을 이른다. 사마천의 사기史記 편작창공열전扁鵲倉公列傳과 한비자韓非子 유로喩老 편에 나온다.

편작扁鵲은 고대 중국의 유명한 의사名醫다. 성은 진秦이고 이름은 월인越人이다. 그는 오장五臟 속의 병을 훤히 들여다볼 정도로 뛰어난 의술을 지니고 있었다. 그는 주로 제齊나라와 조趙나라에 머물렀는데 그때 편작이라 불렸다. 편작이 제나라 환공桓公이 아프다는 소리를 듣고 궁궐로 갔다. 환공의 몸 상태를 보고 편작이 말했다.

"임금께선 피부에 병이 있습니다. 지금 치료하지 않으시면 병이 깊어질 것입니다."

그러자 환공이 말했다.

"나에게는 병이 없소."

편작이 나가자 환공은 좌우 신하들에게 이르기를,

"의원이 이익을 바라고 부를 차지하고 싶어서 아프지 않은 사람을 데리고 공을 세우려 한다."

라고 말했다. 그로부터 닷새 후 편작이 환공의 몸 상태를 살핀 다음 말했다.

"임금의 병이 피가 도는 줄기인 혈맥血脈까지 이르렀습니다. 지금 치료하지 않으시면 더욱 깊숙한 곳까지 퍼질 것입니다."

그러자 환공은 또다시 말했다.

"나에게 병 같은 것은 없소."

그로부터 닷새 후 편작이 또 환공을 알현하고 말했다.

"임금의 병이 장腸과 위胃 사이까지 들어갔습니다. 지금 치료하지 않으시면 더 깊은 곳까지 이르게 됩니다."

환공은 반응을 보이지 않았다. 그로부터 또 닷새 후 편작이 환공을 찾아갔으나 이번에는 보기만 하고 나왔다. 환공이 사람을 보내 그 까닭을 묻자 편작이 말했다.

"병이 피부에 있는 동안에는 달여 마시는 한약과 헐거나 곪은 데에 붙이는 끈끈한 약으로 치료할 수 있습니다. 병이 피가 도는 줄기인 혈맥에 있을 때에는 침을 놓거나 어혈을 풀어 주는 방법으로 다스릴 수 있습니다. 병이 장과 위에 있을 때는 약을 넣어서 빚은 술로 고칠 수 있습니다. 그러나 병이 뼈의 중심부인 골수骨髓에 이르면 비록 사람의 목숨을 맡아서 주관하는 신神인 사명司命이라도 어찌할 수 없습니다. 임금의 병은 지금 뼈의 중심부인 골수에 이르렀습니다. 이런 까닭에 말씀드리지 않고 그냥 나왔던 것입니다.”

닷새 후 제나라 환공은 몸에 병이 심하여 사람을 보내 편작을 불렀다. 그 사이 편작은 이미 그곳을 떠나고 없었다. 결국 제나라 환공은 죽음을 맞이했다.

모든 게 다 그렇다. 어떤 사안이나 상황에서 이상한 낌새가 드러나면 그에 맞게 대처해야 탈이 없다. ‘괜찮겠지……’ 하는 마음과 태도는 문제를 더욱 키울 뿐이다. 모르면 전문가들에게 묻고 그들의 충고를 진심으로 받아들여야 한다. 잘난 체하며 뽐내고 건방지게 구는 것은 전혀 도움이 되지 않는다. 자신의 어려움과 고통을 솔직하게 이야기해야 방법과 대책이 나온다. 감추고 숨긴다고 해서 문제가 해결되지 않는다. 모든 것을 가벼이 여기는 태도는 불행을 부르는 지름길이다. 솔직함은 불리함을 푸는 솔루션solution임을 잊지 마라.

5

승산 없는 싸움은
피하는게 최고다

- 주위상(走爲上) : 삼십육계(三十六計)

走 : 달아날 주, 爲 : 할 위, 上 : 위 상

자신을 온전하게 보호할 수 없는 싸움을 벌이는 것은 어리석은 짓이다. 객관적인 상황을 적확히 보지 않고 겁 없이 덤벼들다간 상상 그 이상의 나쁜 결과를 가져올 수 있다. 물러날 때는 과감하게 물러나야 한다. 이것은 단순히 도망가는 게 아니다. 오늘의 물러섬은 내일의 나아감을 위한 밑거름이다. 자신의 역량을 키워 기회가 오면 빛나는 승리를 낚기 위한 지혜로운 선택이다. 최후의 승자가 진정한 승자다. 피할 때 피할 줄 아는 용기와 결단은 전략적 유연성이다. 일시적 퇴각은 굴종과 패배가 아니다. 위기를 기회로, 패배를 승리로 바꾸는 최상의 전략이다. 이러한 가르침이 바로 '주위상走爲上'이다. 주위상계走爲上計, 삼십육계 주위상책三十六計 走爲上策이라고도 한다. 이는 '상황이 좋지 않을 땐 도망가는 것이 최고의 계책'이라는 뜻이다. 삼십육계 중 패전계敗戰計에 나온다.

"전세가 불리하면 적을 피해 도망치는 게 최고의 계책이다. 힘이 약한 군대가 다음 기회를 노린다고 해서 잘못이나 허물이 있는 것은 아니다. 이렇게 하는 것은 일반적으로 군사를 운용하는 원칙에서 크게 벗어난 것이 아니다."

적이 압도적으로 우세하고 강할 때 쓸 수 있는 방법으로는 모두가 죽기를 각오하고 싸우거나, 싸우다 항복하거나, 싸움을 멈추고 화친하거나, 퇴각하는 것뿐이다. 결사 항전이나 항복은 완전한 패배이지만 물러섬은 그렇지 않다. 도망가는 것이 합리화될 수는 없지만 여기서 말하는 퇴각은 그냥 달아나는 것이 아니라 주체적, 전략적으로 잠시 피하고 물러난다는 뜻이므로 부끄럽게 생각할 일이 아니다. 오히려 전열을 정비하며 내실을 다지는 알찬 기회다.

모든 불리한 상황을 뒤로 하고 찬란한 내일, 더 큰 승리를 위해 잠시 피하는 것이다. 사마천의 사기史記 진세가晉世家에도 이런 예가 나온다.

중국 춘추 시대春秋時代 진晉나라 문공文公이 제齊나라, 진秦나라와 연합해 남방의 강자 초楚나라와 한판 붙게 되었다. 그 당시 초나라는 강한 나라였고 초나라 군대의 지휘관은 성자옥成子玉이었다. 초나라 군대가 대대적인 공격을 해 왔고 진나라 군대는 싸우지 않고 후퇴했다. 그러자 한 장수가 말했다.

"왜 후퇴합니까?"

진나라 문공이 말했다.

"과인이 예전에 초나라에 있을 때 초나라와 전쟁을 하게 되면 90리를 후퇴하겠다고 약속했다. 그것을 거스를 수 없지 않느냐. 신의가 중요하다."

후퇴한 진나라 연합군은 성복成濮이란 곳에 머물렀다. 초나라 군대가 쳐들어오자 진나라 문공은 전차 부대를 이끄는 말에 호랑이 가죽을 씌우고 뒤에 섶을 달아 흙먼지를 일으키며 공격했다. 그러자 초나라 군대의 말들이 놀라 자빠지고 흙먼지에 눈을 뜰 수 없어 달아나기 급급했다. 이에 진나라 연합군은 온 힘을 다해 대대적인 공격을 감행하여 대승리를 거뒀다. 이 전투로 말미암아 초나라는 중원中原으로 진출할 수 없었고 진나라 문공은 패자覇者의 자리에 오를 수 있었다. 춘추오패春秋五覇 가운데 한 사람이 된 것이었다.

　무턱대고 덤비는 것만큼 위험한 것도 없다. 자신과 집단의 능력과 힘, 주변 상황과 정세, 변화의 흐름을 적확히 읽어야 한다. 그래야 맞춤형 전략이 나오고 후회가 없다. 그것을 놓치면 모든 것을 잃는다. 그러면 내일이 없다. 진나라 문공이 처음 전투에서 90리를 물러선 것은 작전상 후퇴로 보다 더 큰 승리를 위해 잠시 달아나고 피한 것이었다. 이런 계략이 주위상이다. 전쟁의 달인 손자孫子도 그의 병법 시계始計 편에서 말한다.
　"적이 강하면 피하라强而避之!"

6

기본을 갖추고
행동하라

- 회사후소(繪事後素) : 논어(論語)

繪 : 그림 회,　事 : 일 사,　後 : 뒤 후,　素 : 흴(바탕) 소

모든 것은 기본이 중요하다. 얼굴이 잘났다 해도, 화려하고 멋진 옷을 입는다 해도 그 사람의 마음이나 인격이 제대로 갖춰지지 않으면 그것은 껍데기에 불과하다. 기본이 갖춰져 있지 않으면 모든 게 모래성처럼 한순간에 무너질 수 있다. 기본은 첫째, 남을 속이지 않고 약속을 지키며 자신의 말과 행동에 책임을 지는 것이다. 둘째, 올곧고 겸손하게 행동하는 것이다. 셋째, 자신을 낮추는 것이다. 즉, 기본은 남에게 너그럽고 자신에게 엄격

한 것이다. 이 때문에 기본을 갖추기가 어렵다. '회사후소繪事後素'
도 그런 가르침이다. '먼저 기본을 잘 갖추고 난 다음에 어떤 행동
이나 뜻을 펼쳐라'라는 말이다. 이것은 논어論語 팔일八佾 편의 '공
자孔子와 자하子夏의 문답'에 나온다. 자하는 공자의 제자다. 이름은
복상卜商이고 공문십철孔門十哲 가운데 한 사람이다. 자하는 시詩와
예禮에 아주 뛰어났다고 한다.

자하가 공자에게 물었다.

"'방긋 웃는 어여쁜 입매여, 예쁘고 아름다운 눈맵시여, 흰 바탕을
화려하고 현란하게 꾸미고 색칠한 것과 같구나.' 하였습니다. 이것은
무엇을 말하는 것입니까?"

이것은 원래 시경詩經 위풍衛風 석인碩人 편에 나온다. 여기서 석
인이란 덕이 높고 훌륭한 사람을 말하는데 구체적으로는 위衛나라
장공莊公의 아내 장강莊姜을 이른다. 그녀는 제齊나라에서 위나라로
시집을 왔다. 시집올 때 그녀의 아름다움을 노래한 대목은 다음과
같다.

"방긋 웃을 때 예쁜 입 모양이 아름다워 눈으로 보기에 좋구나. 아

름다운 눈맵시는 환하게 빛나며 곱고 아름답구나."

어떤 사람이 입 모양과 눈맵시가 아름다운 바탕을 가지고 있는데 거기에 무늬와 색을 더하여 꾸미는 것은 마치 밑바탕에 색을 입힌 것처럼 보인다. 그런 까닭에 원래 밑바탕이 좋은 것인지, 아니면 채색하였기에 아름다운 것인지 헷갈릴 수 있다. 그래서 자하가 이에 대해 공자에게 물은 것이다. 다시 말해 겉으로 보이는 그림의 채색과 본바탕밑바탕 가운데 무엇이 더 중요한 것인지, 밖으로 나타나는 아름다움이 근본인 바탕과 어떤 차이가 있고 그 둘의 우선 순서는 어떻게 되는지를 묻고 있는 것이다.

공자가 대답했다.

"그림을 그리는 법은 맨 처음 흰 바탕을 만든 뒤에 그리는 것이다繪事後素."

그림을 그리는 일은 회사繪事다. 그림을 그리려면 반드시 먼저 흰 바탕을 만든 뒤後素에 그려야 한다. 동양화에서 그림을 그릴 때 종이든 천이든 흰 바탕이 준비되지 않으면 그림을 그릴 수 없다. 사람의 귀, 눈, 코, 입이 아무리 예쁘고 아름답다 할지라도 마음의 바탕이 제대로 갖춰져 있지 않으면 그 아름다움을 예쁘게 나타낼 수 없다. 공자는 '사람도 먼저 바탕인 마음이 깨끗하고 고와야 한다. 그런 다음에 어떤 행동이든 가능하다'라는 것을 강조하고 싶었던 것이다.

자하가 말했다.

"예가 뭐입니까?"

공자가 대답했다.

"나의 뜻을 계발하게 하고 발전할 수 있게 하는 사람은 상子夏이로구나. 비로소 자하와 더불어 시를 말할 만하도다!"

자하는 예와 시를 좋아했고 그 분야에 뛰어났다. 예는 사람이 마땅히 지켜야 할 도리고 윤리 규범이다. 예는 겉으로 드러나는 것이다. 그러한 예의 알맹이와 바탕은 인仁이다. 인은 타고난 어진 마음씨로 남을 사랑하고 어질게 행동하는 것이다. 자하가 좋아한 예는 인을 바탕으로 삼지 않으면 의미가 없다. 밖으로 드러난 예는 형식과 꾸밈이고 알맹이인 인은 본질인 것이다. 공자가 예를 그림 그리는 것에 빗대어 이야기하자 자하가 드디어 본질과 꾸밈의 순서에 대해 깨우친 것이다. 사람도 마음과 인격의 바탕이 제대로 갖춰지지 않으면 모든 것이 허상이다. 바탕이 잘 갖춰졌을 때만이 자신의 인생을 아름답게 꾸밀 수 있고 그 빛과 향기를 넓게 멀리 보낼 수 있다. '회사후소'는 삶을 살아가면서 진실한 마음과 겸손한 자세를 지니라는 소중한 가르침이다.

7

덕을 쌓으면
사람이 모인다

- 도리불언 하자성혜(桃李不言 下自成蹊) : 사기(史記)

桃 : 복숭아 도, 李 : 자두 이, 不 : 아닐 불, 言 : 말씀 언
下 : 아래 하, 自 : 스스로 자, 成 : 이룰 성, 蹊 : 지름길 혜

덕이란 무엇인가? 어려운 이야기지만 덕은 사람 사는 세상에서 남에게 은혜를 베푸는 일이다. 상대를 인정하고 이해하며 칭찬하고 이롭게 하는 것이 덕이다. 언제나 정직한 마음으로 상대를 대하고 진심으로 따뜻하게 감싸는 것, 상대의 마음에 기쁨의 씨앗을 심는 것, 대립보다는 화합을 우선으로 하는 마음, 솔선수범하는 자세가 덕이다. 나보다 남을 먼저 챙기는 마음, 당신이 최고라는 생각, 당신이 있어야 내가 있다는 마음이 바로 덕이

112

다. 덕을 행하면 사람의 마음을 잡을 수 있다. 덕을 쌓으면 고통과 괴로움이 즐거움과 기쁨으로 변한다. 덕은 상대의 마음을 움직이는 보이지 않는 리더십이다. '도리불언 하자성혜桃李不言 下自成蹊'도 그런 의미를 담고 있다. '복숭아꽃, 자두꽃은 말을 하지 않아도 아름다워 그 자태를 보고 많은 사람들이 스스로 찾아와 그 아래 자연스럽게 샛길지름길이 생긴다'라는 의미다. 풀어서 말하면 '덕을 베푼 사람은 자신을 자랑하거나 나타내지 않아도 그 주변에 사람들이 모여든다'라는 뜻이다. 이 이야기는 사마천司馬遷의 사기史記 이장군열전李將軍列傳에 나온다. 이 장군은 이름이 광廣으로 한漢나라 효경제孝景帝와 무제武帝 때의 유명한 장수였다. 당시에는 흉노匈奴족의 침입이 많았다.

그는 흉노를 무찌르고 저지하는 데 탁월한 공로를 세운 사람이었다. 그는 늘 용감했고 군사를 부리고 다스리는 데 탁월했다. 이광李廣은 흉노를 칠 때도 행군의 대오나 편성을 엄격하게 하지 않았다. 물이 좋은 곳을 만나거나 풀숲이 좋으면 쉬고 편하게 행동했다. 그의 군대는 단출했으나 기습 공격에 능했다. 그의 병사들은 늘 즐겁게 지냈고 모두 다 이광 장군을 위해 기쁜 마음으로 목숨을 바치려 했다. 이광은 늘 청렴했다. 상을 받으면 항상 부하들에게 나눠 줬다. 병사들이 먹는 것과 같은 음식을 먹었다. 집에는 재산도 없었다. 그는 몸집이 남보다 크고 팔이 길어 활을 잘 쐈다. 말재주가 없고 말수도 적었다. 쉴 때도 늘 활쏘기를 취미삼아 즐겼다. 행군 중에 물과 식량이 모자라면 병사들에게 먼저 먹였으며 병사들이 다 먹고 난 뒤에야 자신이 마시고 먹었다. 그는 늘 너그러웠고 사람들에게 덕을 베풀었다.

태사공 사마천이 말했다.

"옛 책에 몸가짐이 바르면 명령하지 않아도 실제로 행해지고 몸가짐이 바르지 않으면 명령을 내려도 따르지 않는다고 했다. 이것은 이 장군을 두고 하는 말이다. 속담에 이르기를 복숭아나무와 자두나무는 말하지 않아도 그 아름다움에 끌려 사람들이 저절로 모여들기에 그 아래에는 저절로 샛길지름길이 생긴다고 했다. 이 말은 비록 보잘것없이 작아 보이지만 큰 도리를 말하는 데 빗대어서 설명할 수 있을 것이다."

용장勇將은 용감히 싸워 이기는 장수다. 지장智將은 싸우지 않고 승리를 낚는다. 덕장德將은 뛰어난 전략으로 싸우지 않고도 승리를 거머쥐고 적군까지 내 편으로 만든다. 덕장은 모든 장수보다 한 수 위다. 덕은 피비린내 나는 전쟁터에서도 커다란 힘을 발휘한다. 덕은 사람을 기쁘게 하고 하나가 되게 한다. 덕의 놀라운 힘이다.

공자孔子도 논어論語 이인里仁 편에서 '덕불고 필유린德不孤 必有隣'이
라 했다. 덕이 있는 사람은 덕으로 다른 사람을 감화시켜 따르게
하므로 결코 외롭지 않고 반드시 그 곁에 이웃이 있게 마련이라는
뜻이다. 덕은 사람이 나아가야 할 길이자 세상을 움직이는 부드러
운 리더십이다. 유덕자 필유기류종지有德者 必有其類從之, 즉 덕이 있
는 사람에게는 반드시 따르는 무리가 있다.

8

만남은 횟수가 아니라
마음이다

- 백두여신 경개여고(白頭如新 傾蓋如故) : 사기(史記)

白 : 흰 백,　頭 : 머리 두,　如 : 같을 여,　新 : 새로울 신
傾 : 기울 경,　蓋 : 덮을 개,　故 : 옛 고

살면서 우리는 수많은 만남과 사귐을 갖는다. 하지만 그러한 만남과 사귐에 참된 마음과 믿음이 없으면 오래가지 못한다. 참된 마음과 믿음이 없으면 그 만남이 아무리 달콤하고 좋다 할지라도 서로에게 도움이 되지 않는다. 서로 믿고 통한다는 것은 무엇인가? 그것은 서로의 진심을 알고 마음을 여는 것이다. 그렇지 않을 경우 그러한 만남은 아무리 횟수가 잦아도 낯섦의 연속이다. 서로를 재고 이익을 탐하는 만남은 진정한 만남이 아니다.

이런 만남을 경계하는 구절이 '백두여신 경개여고白頭如新 傾蓋如故'
다. 사기史記 노중련추양열전魯仲連鄒陽列傳에 나온다.

추양鄒陽은 원래 제齊나라 사람이었다. 그는 한漢나라 초기 봉국封國
인 양梁나라의 이곳저곳을 돌아다녔다. 그곳에서 오吳나라 사람 장기
부자莊忌夫子, 회음 사람 목생牧生 등과 가까이 지냈다. 그 후 양나라 효
왕孝王에게 글을 올려 양승羊勝, 공손궤公孫詭 등과 함께 효왕의 문객門
客이 되었다. 그런데 얼마 후 양승의 무리가 추양을 시기하여 양나라
효왕에게 터무니없는 말을 하며 그를 헐뜯고 해치려 하였다. 효왕은
그들의 말만 믿고 크게 화를 내며 추양을 옥에 가두고 죽이려 했다.
추양은 억울해하며 효왕에게 글을 올렸다.

"임금이나 나라에 진심에서 우러나는 마음으로 최선을 다하는 사
람은 임금에게 올바르고 합당한 대접을 받지 않는 일이 없고 거짓 없
이 순수하고 바른 마음을 가진 사람은 다른 사람에게 의심을 받지 않
는다고 들었습니다. 저는 늘 그런 줄 알았습니다. 그러나 그것은 헛된
말일 뿐이었습니다. 예전에 형가荊軻는 연燕나라 태자 단丹의 의로움을
우러러 받들고 마음 깊이 따랐습니다. 그런데 그가 진秦나라 왕을 암
살하려고 떠날 즈음 출발이 조금 늦는다고 태자는 형가를 의심했습니
다. 초楚나라의 변화卞和라는 사람이 왕에게 옥박玉璞을 바쳤습니다. 그

런데 왕은 그것이 옥이 아니라 돌이라는 감정 결과를 믿고 그의 발을 잘랐습니다. 진秦나라 이사李斯는 몸과 마음을 바쳐 충성을 다했지만 2세 호해胡亥는 그를 죽였습니다. 바라건대 왕께서는 변화와 이사의 참뜻을 깊이 살펴 앞으로는 남을 헐뜯어서 죄가 있는 것처럼 아뢰는 것을 받아들이는 일이 없게 하십시오.”

그러면서 그는 계속 자신의 논리를 이어 갔다.

“속담에 이런 말이 있습니다.

‘머리가 백발이 다 되도록 오랫동안 친구로 사귀었으면서도 지금 바로 사귄 사람처럼 서로의 마음을 모르는 사람이 있고 거꾸로 수레를 멈추고 덮개를 기울여 잠시 이야기한 것밖에 없는 것처럼 서로 사귄 지 얼마 되지 않았는데도 예로부터 오랫동안 사귀어 알고 지내는 사람처럼 서로의 마음을 아는 사람이 있다.’

이것의 핵심은 서로가 상대의 마음을 제대로 알고 있느냐, 모르고 있느냐에 달린 문제입니다. 덕이 뛰어나고 어진 임금은 간사함과 충성스러움을 잘 구별할 줄 압니다. 어진 임금은 상스럽고 혼란스러운 말이나 근거 없는 말에 마음을 주지 않습니다. 그런데 요즘 임금들은 위세와 기세, 힘만 믿고 세상의 뛰어난 선비들을 불안하고 걱정스럽게 합니다. 반면에 오직 알랑거리며 비위 맞추기를 좋아하는 선비들만 섬기며 좋아하고 있습니다. 상황과 실질이 이렇게 된다면 의지가 있고 훌륭한 선비들은 바위 굴 속에서 늙어 죽어 갈 수밖에 없습니다. 그러면 어찌 선비들이 거짓 없는 참된 마음과 믿음, 도리와 의리를 다해 대왕을 따르겠습니까?”

이 글을 읽은 양나라 효왕은 그의 주장이 옳다고 생각해 추양을 풀어 줬다.

‘백두여신 경개여고’는 오늘을 사는 우리에게 시사하는 바가 크다. 요즘의 만남은 진정성이 결여된 지 오래다. 자신과 집단의 유불리有不利를 따지는 만남과 헤어짐이 일상이 됐다. 만남에는 거짓과 꾸밈이 없어야 하고 소중한 믿음과 신실한 마음이 있어야 한다. 정직한 마음과 믿음이 없는 만남은 껍데기일 뿐이다. 상대를 믿고 가슴을 여는 마음은 한순간에 생기지 않는다. 오랫동안 서로가 마음을 열고 사귈 때 비로소 그 싹을 틔울 수 있다. 진실한 마음과 믿음이 없는 만남은 물거품과 같다.

9

남의 좋은 점을 도와
이루게 하라

- 군자성인지미(君子成人之美) : 논어(論語)

君 : 군자 군, 子 : 아들 자, 成 : 이룰 성, 人 : 사람 인
之 : 어조사 지, 美 : 아름다울 미

요즘은 서바이벌 프로그램이 대세다. 거기에는 서바이벌 참가자들을 돕는 멘토mentor들이 나온다. 그들이 최선을 다해 돕는 모습은 보는 사람까지 기분 좋게 한다. 그러기에 참가자들도 최선을 다하고 비록 경선에서 탈락하더라도 멘토에게 감사하다며 눈물을 보이곤 한다. 사람은 살면서 수많은 사람들과 도움을 주고받는다. 그것이 인간사다. 남을 도와 잘되게 하는 게 쉽지는 않지만 다른 사람을 도와 그가 꿈꾸고 목표한 것을 이루게

하는 것처럼 좋은 일도 없다. 기꺼이 남을 도우며 그의 성공을 진심으로 축하하라. 남을 도와 그가 바라는 것을 이루게 하는 것은 기쁨이자 행복이다. 일찍이 공자孔子도 논어論語 안연顏淵 편에서 다음과 같이 말했다.

"군자君子는 다른 사람의 좋은 점을 도와 이루게 한다. 또한 군자는 다른 사람의 나쁜 점을 잘 살피고 이끌어 이루지 못하게 한다. 소인小人은 이것과 반대로 행동한다."

이에 대해 주희朱熹는 이렇게 풀었다.

"이루게 한다는 것은 무엇인가? 그것은 다른 사람을 좋은 방향으로 이끌고 곁에서 거들고 도와 좋은 일에 힘쓰도록 북돋워 주는 것이다. 그렇게 하여 그가 하고자 하는 일을 하게 한다. 군자와 소인의 차이는 마음 씀씀이나 태도가 너그러운가, 아니면 인정 없고 쌀쌀한가에 달려 있다. 또한 좋아하는 것이 착하고 나쁜 것에 차이가 있다. 그런 까닭에 군자는 남의 좋은 점을 이루게 하고 나쁜 것을 이루지 못하게 한다. 그런데 속이 좁고 식견이 많지 않은 소인은 그렇게 하지 않는다. 군자와 소인의 마음 씀씀이가 이와 같은 것이다."

　군자는 학문과 덕이 높고 행실이 바른 사람이다. 인격자인 그는 너그럽다. 스스로 잘난 체하거나 뽐내지 않는다. 자기 할 일만 힘써 할 뿐 남에게 바라거나 해를 끼치지 않는다. 그는 의리와 정의를 목숨처럼 여기며 모두에게 베푼다. 이에 비해 소인은 도량이 좁다. 넓은 마음과 깊은 생각이 없다. 그는 셈에 밝으며 다른 사람에게 바라기만 할 뿐 베풀지 않는다. 늘 뽐내고 잘난 체하며 자신의 허물을 다른 사람에게서 찾는다. 작은 것에 기뻐하고 집착하며 자신의 이익과 명예에 모든 것을 걸고 그것을 위해 온갖 술책과 잔꾀를 동원한다. 소인은 남의 단점을 들춰내고 불필요한 마찰과 갈등을 일으킨다. 군자는 마음이 넓고 이해심이 많기에 다른 사람의 성공을 자기 일처럼 생각하고 남을 도와 그가 좋아하는 바를 이루게 한다. 즉, 다른 사람의 기쁨과 성취를 자기 것으로 받아들인다. 마음이 바르고 깨끗해야 이렇게 할 수 있다. 군자는 다른 사람의 흠을 들추거나 방해하지 않으며 다른 사람이 행하는 바르지 못한 일은 결코 돕지 않는다. 당신은 군자인가, 소인인가?

10
자신에게 맞지 않는 일을 넘보지 마라

- 월조대포(越俎代庖) : 장자(莊子)

越 : 넘을 월, 俎 : 도마(제기) 조, 代 : 대신할 대, 庖 : 부엌 포

자신의 능력이나 도덕성은 아주 저급함에도 '무엇이든 할 수 있다'라고 믿는 사람들이 많다. 그들은 늘 자신이 최고라 여기고 주변 사람들을 별게 아니라고 무시한다. 자신의 일도 제대로 하지 못하면서 남의 일에는 '감 놔라 배 놔라'를 주저하지 않는다. 이런 사람들과 함께 일하면 우선 피곤하다. 나아가 각자 할 일의 경계 또한 모호해서 집중할 수 없다. 그러다 보면 일의 성과를 기대할 수 없고 조직이나 집단의 단합을 해친다. 그런 사람

들에게 '월조대포越俎代庖'란 말을 들려주고 싶다. 이 말은 '도마를 넘어가 부엌일, 즉 요리사의 일을 한다'라는 것으로 '제사를 전반적으로 맡아 진행하는 사람이 음식을 만드는 사람의 일을 대신한다'라는 의미다. 다시 말해 '자신에게 맞지 않는 일을 억지로 한다'라는 뜻이다. 장자莊子 소요유逍遙遊 편에 나온다.

요堯 임금은 중국 고대 전설의 성군聖君이다. 어느 날 모든 신하를 불러 놓고 명령을 내렸다.

"내 나이 어느덧 황혼이니 그대들은 천하를 맡아 다스릴 훌륭한 사람을 추천하시오."

신하들이 말했다.

"뒤를 이을 분이라면 단주 왕자님이 계시지 않습니까?"

그러자 요 임금이 말했다.

"단주는 임금의 재목이 아니다."

그러던 어느 날 요 임금은 허유許由라는 선비가 훌륭하다는 말을 들었다. 허유는 전설의 인물이다. 그는 지조와 절개가 높고 굳은 선비였는데 산속에 숨어 살았다. 요 임금이 허유에게 자신의 자리를 넘기려 하면서 말했다.

"해와 달이 떠 있는 상황에서 횃불을 끄지 않고 계속 밝히고 있다

해도 그 횃불이 자신의 빛을 밝힐 수 있다고 여기는 것은 어려운 일이 아니겠습니까? 때와 시절에 맞춰 비가 왔는데 오히려 그 못에 물을 댄다면 이것 또한 헛수고가 아니겠습니까? 훌륭한 선생께서 임금 자리를 맡아야 천하가 잘 다스려질 것입니다. 그런데 제가 아직도 그대로 자리를 차지하고 있습니다. 제가 보기에도 저에겐 흠집이 많아 보입니다. 그러니 부탁하건대 선생께서 천하를 맡아 주십시오."

그러자 허유가 이렇게 대답했다.

"임금 덕에 온 천하는 이미 잘 다스려지고 있습니다. 그런데 제가 임금을 대신한다면 장차 저의 명예나 명분을 위하는 일이 되지 않겠습니까? 명예나 명분이란 실질과 본바탕의 손님같이 붙어 다니는 것입니다. 그런데 제게 실질과 본바탕의 손님 같은 껍데기가 되라는 것입니까? 뱁새는 깊은 숲에 깃들어도 한 개의 나뭇가지에만 의지할 뿐입니다. 두더지가 황하의 물을 마시더라도 배를 채우는 데 지나지 않습니다. 그러니 임금께서는 돌아가 쉬십시오. 온 천하를 맡아 다스린다고 해도 제겐 아무 소용이 없습니다. 비록 요리사가 음식을 잘 만들지 못한다고 해서 제사를 주관하는 사람이 술동이와 도마를 뛰어넘어가서 요리사 대신 음식을 만들 수 없는 법입니다."

허유는 요 임금의 제안을 거절한 후 돌아가 차라리 듣지 않은 것보다 못하다며 두 귀를 기산箕山의 영수潁水 물에 씻었다. 이때 작은 망아지를 끌고 소부巢父가 왔다. 소부 역시 전설의 선비다. 그 또한 지조와 절개가 높았다. 그도 기산에 숨어 살았다. 자초지종을 들은 소부도 허유가 귀를 씻은 물을 망아지에게 먹일 수 없다며 상류로 올라갔다.

허유는 기산으로 들어가 다시는 세상 밖으로 나오지 않았다. 허유는 어디에도 얽매이지 않는 절대 자유를 추구하는 사람이고 요 임금은 현실 세계의 지존이다. 이 우화에서 제사를 주관하는 사람은 허유이고 요리사는 요 임금이다. 허유는 제안받은 임금의 자리를 헌신짝처럼 버렸다. 그것은 자신의 자리와 명예가 아니라고 생각한 까닭이다. 절대 자유를 지향하는 허유가 세속의 일에 일절 관여하지 않겠다고 선언한 것이다. 세상 모든 직책과 직분에는 자신에게 맞는 것과 맞지 않는 것이 있다. 그 자리와 명예가 아무리 높고 훌륭해도 자신에게 맞지 않는 것이라면 탐내지 말아야 한다. '참으로 훌륭한 사람은 세속적 가치나 유용함 그리고 구속으로부터 벗어나야 한다'라는 장자의 가르침을 기억하자.

11

도리에 맞게
말하고 행동하라

- 비법불언 비도불행(非法不言 非道不行) : 효경(孝經), 논어(論語)

非 : 아닐 비,   法 : 도리(예의) 법,   不 : 아닐 불,   言 : 말씀 언
道 : 길(도리, 이치) 도,   行 : 행할 행

시대를 막론하고 말투나 몸가짐에 바탕과 기준이 되는 규칙, 마땅히 지켜야 할 규범과 절차가 있다. 그것은 사회 구성원들이 양심, 합의, 관습 등에 따라 오랫동안 만들어 온 것이다. 이는 음식을 먹고 옷을 입고 앉고 일어나고 나아가고 물러나고 사람들과 사귀고 하는 등 일상생활에서 넓게 적용되어 나타난다. 유교적 전통을 지닌 나라나 사회에서는 이를 예禮라고 한다. 이런 것들이 잘 지켜졌을 때 예에 따라 바르게 산다고 한다. 그렇다면 바르게 사는 삶은 어떤 것인가? 악을 피하고 선과 덕을 베푸는 것, 자신을 성찰하고 바르게 행동하는 것, 말과 행동을 같게 하는 것 등이 아닐까 한다. 공자孔子는 효경孝經 경대부卿大夫 장에서 이런 이야기를 했다.

"어질고 현명한 선왕의 예법과 제도법도에 맞지 않는 옷은 주제넘게 입지 않는다. 선왕의 예법과 제도에 맞지 않는 말이라면 감히 하지 않는다. 선왕의 예법과 제도에 맞으며 어질고 너그러운 행실이 아니라면 감히 주제넘게 하지 않는다. 예법과 제도에 맞지 않으면 말을 하지 마라. 도리에 어긋나면 행동하지 마라. 그렇게 하면 설사 말을 많이 해도 남에게 허물 잡힐 일이 없다. 마음대로 행동해도 책잡힐 일이 없다. 비록 내가 하는 말이 온 천하에 가득 차더라도 허물이 없다. 내가 하는 행동이 온 세상에 가득 넘치더라도 다른 사람의 원망이나 미움, 증오를 받지 않을 것이다. 시경에 이르기를 '아침 일찍부터 밤늦게까지 게으름 피우지 말아야 그로써 한 사람을 섬긴다' 하였느니라."

바르게 살려면 개인적인 욕심과 이익을 버려야 한다. 사사로움에 이끌리면 헤어날 수 없다. 몸가짐을 조심하는 것은 언제나 필요하다. 이는 생활 속에서 늘 반성하고 실천할 때 가능한 일이다. 살고 배우고 익히고 행하는 모든 일이 다 그렇다. 이런 마음과 자세를 마땅히 간직하고 살아야 한다. 마음은 본래 깨끗한 것이다. 마음을 다잡지 않으면 사악한 기운이 들어온다. 간사한 것, 남의 비위를 맞추어 아첨하는 것, 한쪽으로 치우치는 것, 예의에 벗어나는 것, 깨끗하지 못한 것들이 그러하다. 예를 따르고 예를 지켜라. 공자는 이렇게 말했다.

"몸의 나쁜 짓惡行을 막고 예를 지키며 선과 덕을 베풀어라. 말과 행동을 가다듬고 바르게 하면 넉넉하고 편안할 것이다."

공자는 또 논어論語 안연顏淵 편에서 이렇게 말했다.

"예가 아니거든 보지 마라. 예가 아니거든 듣지 마라. 예가 아니거든 말하지 마라. 예가 아니거든 움직이거나 행동하지 마라."

예는 사람의 길이다. 따라서 사람이 할 도리에 벗어난 말과 행동은 하지 않아야 한다. 이는 욕심과 사사로움을 벗어나기 위해서다. 예에 어긋난 말과 행동은 상대에게 상처를 주고 진실성을 의

심받게 한다. 예를 벗어난 행동과 말은 보거나 듣지도 마라. 살아가는 데 보탬이 되지 않고 마음만 혼란스럽게 할 뿐이다. 스스로를 돌아보고 살펴야 허물을 고치고 앞으로 나아갈 수 있다. 말과 행동, 몸가짐, 어느 것 하나 허투루 해서는 안 된다. 도리에 맞게 말하고 행동하라.

12

일을 맡겼으면
간섭하지 마라

- 철주(掣肘) : 공자가어(孔子家語), 여씨춘추(呂氏春秋)

掣 : 당길 철, 끌 체,　肘 : 팔꿈치(팔 끌어당길) 주

다른 사람에게 완전하게 믿음을 주거나 받기는 쉽지 않다. 사람이기 때문이다. 믿음이 없으면 다른 사람에게 일을 맡겨 놓고도 노심초사勞心焦思한다. 그 결과는 다양한 간섭으로 나타난다. 지나친 간섭은 일을 맡긴 사람이나 맡은 사람 모두에게 도움이 되지 않고 도리어 일을 그르칠 뿐이다. 명심보감明心寶鑑 성심省心 상편에 이런 말이 나온다.

"의심되는 사람은 쓰지 말고 한 번 쓴 사람은 의심하지 마라疑人

'어떤 사람을 등용하고 일을 맡겼으면 그를 믿고 쓸데없는 간섭을 하지 마라'라는 뜻이다. 이와 반대되는 이야기가 '철주掣肘'다. 이는 '일을 하고 있는 사람 옆에서 이것저것 간섭하며 일을 제대로 할 수 없게 방해하는 것'이다. 중국 삼국 시대三國時代 위魏나라 왕숙王肅이 지은 공자가어孔子家語 권8 굴절해屈節解, 여씨춘추呂氏春秋 제18권 팔일구비八日具備 등에 등장한다.

춘추 시대春秋時代 노魯나라 사람 복자천宓子賤은 공자孔子가 사랑하는 제자였다. 공자와 쉰 살 차이가 났지만 지혜롭고 총명했다. 그 당시 노나라는 애공哀公이 다스렸다. 하지만 맹손孟孫, 숙손叔孫, 계손季孫 등 삼환씨三桓氏의 세력이 만만치 않아 그들과 권력을 다퉜다. 노나라 애공은 복자천에게 단보亶父 지방을 맡아 다스리게 했다. 부임지로 가기 전 복자천은 한 가지 고민에 빠졌다. 혹여 애공이 간신들의 아첨에 따라 자신이 하는 일에 사사건건 간섭하지 않을까 하는 것이었다. 생각 끝에 복자천은 계책으로 부임지로 가면서 애공의 측근 2명을 데리고 갔다. 그가 부임을 하자 그곳의 관리들이 축하 인사를 왔다. 복자천은 데리고 간 두 사람에게 인사하러 온 사람들의 이름을 다 적으라고 했다. 명을 받은 두 사람은 최선을 다해 관리들의 이름 등을 적고 있었다. 그런데 복자천이 옆에서 그들의 팔꿈치를 슬쩍 잡아당기기도 하고 밀기도 했다. 두 사람이 글씨를 제대로 쓸 수가 없었던 것은 당연한 일이었고 글씨가 삐뚤삐뚤해져 알아볼 수 없게 되었다. 그들이 써 놓은 글씨를 보고 복자천은 화를 내며 이게 뭐냐고 혼냈다. 혼이 난 두 사람은 속내를 말했다.

"저희는 다시 돌아가겠습니다."

그러자 복자천이 말했다.

"자네들은 글씨 쓰기가 워낙 서툴러 안 되겠다. 앞으로는 조심해서 잘하시게."

두 사람은 돌아가 노나라 애공에게 보고했다.

"복자천 밑에서는 일을 할 수 없어 돌아왔습니다."

애공이 물었다.

"그 이유가 무엇이냐?"

두 사람은 그간의 사정을 자세히 이야기했다. 그 말을 다 듣고 난 애공이 크게 한숨 쉬며 이렇게 말했다.

"이것이야말로 복자천이 나의 못나고 어리석은 점을 고치도록 말해 준 것이다. 내가 지금까지 복자천이 하는 일에 부득이 불필요한 간섭을 해 온 적이 반드시 여러 번 있었을 것이다. 너희가 아니었으면 나는 똑같은 실수를 하게 되었을 것이다."

애공은 곧바로 복자천에게 측근을 보내 이렇게 전했다.

"이제부터 단보는 나의 것이 아니고 복자천 바로 당신의 것이다. 단보를 위한 일이라면 무슨 일이든 과감히 하라. 그 결과는 5년 후에 보고하면 된다."

이에 따라 복자천은 맡은 지역을 자신의 생각과 의지대로 잘 다스렸다. 3년 후 중앙 관리들이 돌아본 결과 복자천은 바르고 좋은 정치를 베풀어 단보 지역 백성들로부터 존경과 사랑을 받고 있었다.

복자천이 자신의 뜻과 의지대로 단보 지역을 다스릴 수 있었던 것은 먼저 자신이 철저히 준비하고 그에 맞춰 최선을 다한 결과다. 두 번째는 노나라 애공의 결단과 지원이었다. 자신의 잘못을 인정하고 복자천에게 권한과 책임을 준 덕분이다. 간섭干涉과 자율自律은 그 결과에서 많은 차이가 난다. 간섭은 뭔가를 해 보려는 사람의 뜻과 의지를 무너뜨린다. 자율은 남의 지배나 구속을 받지 않고 스스로의 원칙과 의지에 따라 일하는 것으로서 그에 따른 책임 또한 자신이 진다. 당신이 리더라면 어떻게 하겠는가? 간섭인가, 자율인가?

13
어려울 때
바로 도와줘라

- 철부지급(轍鮒之急) : 장자(莊子)

轍 : 수레바퀴 자국 철, 鮒 : 붕어 부, 之 : 어조사 지, 急 : 급할 급

세상을 살다 보면 누구나 도움을 주고받는다. 하지만 요즘 사람들은 다른 사람들이 급해서 도움을 청할 때면 자신의 이해득실을 따져 보고 도와줄지 말지를 결정한다. 도움의 손길이 필요한 사람은 1분 1초가 급한데도 말이다. 어렵고 힘든 사람들이 도움을 필요로 할 때는 그 시기와 상황을 적확히 살펴 제때 지원하고 도와주는 것이 대단히 중요하다. 그럴 때만이 도와주는 사람이나 도움받는 사람 모두에게 좋다. 서로에게 바람직한 결과는 좋은 관계를 유지하는 데 도움이 된다. 모두가 어렵고 힘든 시대에 '철부지급轍鮒之急'은 우리에게 많은 것을 생각하게 한다. 이는 '수레바퀴 자국에 고인 물에 있는 붕어의 급함'이라는 뜻으로 '처지가 위태롭고 딱해 난처한 상황'을 말한다. 도움과 나눔의 의미를 떠올리게 하는 이 고사는 장자莊子 잡편雜篇 외물外物에 적혀 있다.

　　장주莊周(=莊子)는 집이 가난했다. 하루는 그 지역의 벼슬아치인 감하후監河侯에게 곡식을 빌리러 갔다. 그러자 감하후가 말했다.

　　"임금이 나에게 내려 준 땅封邑에서 장차 세금을 거둬들이려고 한다. 그것을 받으면 그때 한 삼백 금쯤 꿔 주면 되겠는가?"

　　이에 장주가 화를 내며 얼굴빛을 고치고 말했다.

　　"어제 이곳으로 오는 길에 누가 저를 불렀습니다. 돌아보니 수레바퀴 자국에 고인 물에 있는 붕어였습니다. 제가 그 녀석을 보고 묻기를,

　　'붕어야, 왜 그러느냐?'

하자 붕어가 말했습니다.

　　'저는 동해의 잔물결과 큰 물결을 관장하는 파도의 신波臣의 작은 부하입니다. 하여, 물 없이는 살 수 없는 놈입니다. 당신께서 어떻게

해서든 한 말이나 아니면 한 되쯤 되는 물을 가져다가 저를 살려 주실 수 있겠는지요.'

그래서 제가 말했습니다.

'좋다, 그렇게 하지. 나는 지금 곧 남쪽의 오吳나라와 월越나라 땅으로 가서 왕들을 설득시켜 서강西江의 물을 터놓고 너를 맞으려 하는데 그래도 좋겠는가?'

그러자 그 붕어가 화를 내고 얼굴빛을 고치며,

'저는 제게 늘 필요한 물을 잃어 있을 곳이 없습니다. 저는 한 말이나 한 되쯤 되는 물만 있으면 살 수 있습니다. 그런데 당신께서 그렇게 말씀하시니 일찌감치 건어물 가게로 가셔서 저를 찾는 게 좋을 것입니다.'

라고 말했습니다."

장자는 수레바퀴 자국에 고인 물에 있는 붕어의 처지를 들어 자신의 신세와 상황을 설명했다. 그리고 감하후란 벼슬아치의 행태를 여지없이 깨부쉈다. 이 이야기는 처지가 매우 곤란하고 급한 사람들이 도움을 청하면 이것저것 따지거나 시비하지 말고 바로 도움의 손길을 주라는 것이다. 즉, 주어진 조건과 상황을 잘 헤아려 도울 수 있는 최선의 방법을 시급히 찾아 도와주라는 이야기다. 개인이나 조직, 국가도 마찬가지다. 사람들은 세상 살기가 어렵고 삶이 너무 팍팍하다고 야단이다. 삶이 고단하고 힘들 때일수록 여기저기 도움을 청하는 사람들이 많아진다. 그런데 도움을 요청하면 감하후 같은 행태를 보이는 사람들이 주변에 너무 많다. 도움을 주면 반드시 도움을 받는다. 어렵고 힘든 사람들의 처지를 생각하자. 핑계 대거나 변명하지 말고 자신이 도울 수 있는 능력이나 범위에서 바로 도와줘라. 남 탓은 비겁한 짓이다. 어려운 사람들이 도움을 요청했을 때 철부지급을 떠올려 보라.

14

함부로 행동하면
돌이킬 수 없다

- 목경지환(木梗之患) : 전국책(戰國策), 사기(史記)

木 : 나무 목,   梗 : 인형(허수아비 사람) 경,   之 : 어조사 지
患 : 근심 환

천둥벌거숭이는 세상 물정 모르고 겁도 없이 자기 마음대로 이리저리 뛰고 나대는 사람을 말한다. 주변에는 이런 사람들이 많다. 세상에서 제일 어리석은 사람이 겁 없이 덤비는 사람이다. 일단 해 보고 안 되면 말고 식의 행동은 나쁜 결과를 가져온다. 비극은 가끔 자신에 대한 과도한 믿음과 허영에서 비롯된다. 자신의 본분과 위치를 지키지 않는 것은 교만이고 방자放恣다. 기분 내키는 대로 행동하면 불행이 찾아온다. 아무리 유능하더라도 자신을 갈고닦지 않고 계속 함부로 나서면 큰 대가를 치를 수 있다. 행동에 앞서 늘 자신의 위치와 본분을 생각해야 한다. 주어진 현실과 상황을 적확하게 살피고 인식하여 냉철하게 판단한 다음 행동에 옮겨야 무리가 없다. 돈이나 권력을 가졌다고 해서 남들을 무시하고 함부로 날뛰는 사람들이 새겨야 할 이야기가 '목경지환木梗之患'이다. 이는 '자신의 정체성이나 본분을 망각하고 함부로 날뛰다 망가지거나 본래의 제자리나 모습으로 돌아가기 어렵다'라는 의미다. 전국책戰國策 제책齊策, 사마천司馬遷의 사기史記 맹상군열전孟嘗君列傳에 나온다.

맹상군孟嘗君은 제齊나라 사람으로 성은 전田, 이름은 문文이다. 그는 제나라 위왕威王의 막내며 선왕宣王의 배다른 동생이다. 맹상군은 늘 식객들을 정성껏 대접하였기에 3천이 넘는 사람들이 모여들었으며 귀하고 천함을 가리지 않고 그들을 자신과 똑같이 대했다. 강대국인 진秦나라 소양왕昭襄王이 맹상군이 어질고 현명하다는 소문을 들었다. 그는 자신의 동생인 경양군涇陽君을 제나라에 인질로 보내 놓고 맹상군에게 진나라로 와서 만나자고 제의했다. 맹상군이 진나라로 가려 하자 빈객들이 나서서 진나라에 가지 말라고 했다. 하지만 맹상군은 듣지 않았다. 이에 종횡가縱橫家인 소대蘇代가 나서서 말했다.

"오늘 아침 제가 밖에서 돌아오는데 나무 인형과 흙 인형이 서로 말하는 것을 들었습니다. 나무 인형이 말했습니다.

'하늘에서 큰 비가 오면 흙 인형 그대는 장차 무너져 흔적도 없어질 것이다.'

흙 인형이 대답했습니다.

'걱정하지 말게나. 나는 원래 흙에서 태어났다네. 그래서 큰 비가 와 무너져 내려도 흙으로 돌아가면 그만이다. 그런데 만약 하늘에서 비가 내리면 그대 나무 인형은 물에 둥둥 떠내려가 어느 곳에 멈출지 알 수 없을 것이네.'

지금 가장 강하고 힘이 센 진나라는 호랑이와 이리같이 무섭고 교활한 나라입니다. 그런데 맹상군께서 진나라에 가고자 하십니다. 만에 하나 진나라에 가시어 사정이 생겨 제나라에 다시 돌아오지 못하면 맹상군께서는 흙 인형이 말한 웃음거리를 피하지 못할 것입니다."

소대는 제나라에 인질로 온 진나라의 경양군을 흙 인형에 비유하고 맹상군을 나무 인형에 빗대어 설득했던 것이다. 진나라에 무턱대고 들어갔다가는 그곳에서 뜻하지 않게 인질로 잡히거나 더 큰 화를 당할 수 있으며 그런 상황이 발생하면 다시는 제나라로 돌아올 수 없는 경우가 생길지 모른다고 경고한 것으로 섣부른 판단과 행동으로 아주 나쁜 결과를 가져올 수 있다는 충고였다. 맹상군은 이 말을 듣고 깨달은 바 있어 진나라에 가지 않았다. 나무 인형이 망가지면 다시 나무로 되돌아갈 수 없다. 사람도 마찬가지다. 초심을 잃고 함부로 날뛰다간 자신의 본분과 정체성을 찾기 힘들다. 자신에게 다가오는 일에 대해 주변 상황과 분위기를 파악하고 관련 전문가들의 조언과 충고를 귀담아들어야 한다. 그런 다음에 실행에 옮겨도 늦지 않다. 그래야 실수가 적고 자신의 본래 모습을 놓치지 않을 수 있다.

15

세상엔 절대
비밀이 없다

- 사지(四知) : 십팔사략(十八史略), 몽구(蒙求)

四 : 넉 사,　知 : 알 지

어느 정부든 집권 기간 동안 고위 공직자나 사회 지도층의 뇌물 수수賂物授受 사건이 많이 터진다. 그로 인해 관련자들이 줄줄이 감옥에 가거나 국정에 부담을 주는 경우를 자주 본다. 이런 모습은 열심히 성실하게 살아가는 많은 사람들에게 실망과 분노를 갖게 한다. 뇌물을 주고받거나 나쁘게 꾸미는 일은 보통 은밀하게 진행된다. 다시 말해 몇몇 당사자들 사이에서 비밀스럽게 이루어지며 남들은 절대 모를 것이라는 전제로 뇌물을 주고

받는다. 하지만 단언컨대 세상에는 절대적이고 완벽한 비밀은 없다. 한순간 아니면 일정 기간 밝혀지지 않을 뿐이다. 그래서 속담에 이런 말이 있지 않은가.

"낮말은 새가 듣고 밤말은 쥐가 듣는다."

'사지四知'도 그런 말이다. 이는 '하늘이 알고 땅이 알고 당신이 알고 내가 안다天知, 地知, 汝(=子)知, 我知'라는 의미다. '이 세상에는 절대 비밀이 없고 누군가는 그것을 알고 있으므로 늘 몸가짐, 마음가짐을 경계하고 조심하라'라는 가르침이다. 십팔사략十八史略과 후한서 양진전楊震傳, 몽구蒙求 등에 나온다.

중국 후한 시대後漢時代 안제安帝 때 양진楊震이란 사람이 있었다. 그는 고아 출신이었지만 성품이 바르고 인격 또한 훌륭했다. 그는 학식도 뛰어나 당대의 여러 학자들로부터 많은 칭송과 존경을 받았다. 그는 배움을 시작한 지 20여 년 동안 벼슬길에 나서지 않고 학문을 갈고 닦으며 오직 제자들을 가르치는 일에 온 힘을 쏟았다. 그리하여 사람들은 그를 관서關西 지역의 공자孔子라고 불렀다. 그러던 어느 날 새 한 마리가 꼬리가 세 개나 달린 뱀장어를 물고 날아와 양진이 제자들을 가르치던 강당 앞에 앉았다. 이를 본 사람이,

"이것은 양진이 삼공三公이 될 낌새요."

144

라고 말했다. 그러면서 그는 양진에게 그 뱀장어를 권하며,

　"선생님은 반드시 높은 직위에 오르실 것입니다."

라고 했다. 그 후 양진은 동래군 태수가 되었다. 부임지로 가던 중 날이 저물어 한 고을에 머물게 되었다. 그러자 소식을 들은 그곳 현령이 밤에 찾아왔다. 그 현령이 바로 왕밀王密이었다. 왕밀은 양진이 형주자사荊州刺史로 근무할 때 뽑은 관리였다. 당시 양진은 왕밀의 학문과 인격을 보고 아무 조건 없이 그를 뽑았다. 두 사람은 지난날 함께했던 일들을 이야기하며 시간을 보냈다. 그러던 중 왕밀이 품속에서 황금 열 근을 꺼내 양진에게 주었다. 양진이 놀라며,

　"내가 그대를 알기 때문에 관리가 되도록 추천했거늘 그대는 나와 내 뜻을 알지 못하니 그 무슨 까닭인가?"

라고 말했다. 이에 왕밀이,

　"이슥하고 깊은 밤중이라 아무도 모릅니다."

라고 했다. 양진이 정색하며 말하기를,

　"하늘이 알고 땅이 알고 그대가 알고 내가 아는데 어찌 아무도 모른다고 하는가?"

라고 했다. 이 말을 들은 왕밀은 부끄러워 어쩔 줄 몰라 하며 그대로 돌아갔다. 이렇듯 양진은 자신의 업무를 처리하는 것에 아무런 사심과 물욕을 드러내지 않았다. 그의 성품은 늘 바르고 깨끗하여 사사로

운 청탁을 아예 받지 않았다. 공직자로서 늘 곧고 청렴하게 일을 처리한 양진은 그 후 무관직의 최고이자 삼공 가운데 하나인 태위太尉 벼슬에 올랐다.

사전적 의미에 따르면 선물膳物과 뇌물賂物의 차이는 이렇다. 선물은 친구, 스승, 부모, 친척, 애인, 어르신 등 아는 사람들에게 존경, 우정, 감사의 뜻을 나타내기 위하여 주는 물품物品이다. 반면에 뇌물은 자신이 개인적으로 뜻하는 바를 이루기 위해 남에게 몰래 주는 정당하지 못한 재물財物이다. 또 뇌물은 어떤 직위나 권한을 가진 사람을 매수하여 개인적인 일에 이용하기 위해 넌지시 건네는 부정한 돈이나 물건을 이른다. 선물인지 뇌물인지는 받은 사람 스스로가 가장 잘 안다. 고위 공직자나 지도층 인사들은 뇌물을 멀리해야 한다. 뇌물의 달콤함은 짧고 그 열매는 오래도록 쓰다. 남이 모른다고 비밀이 지켜지지 않는다. 세상에 완벽한 비밀은 존재하지 않는다. 그것이 세상의 이치임을 기억하라.

16

자신의 한계를 깨닫고
상대를 인정하라

- 혜고부지춘추(螻蛄不知春秋) : 장자(莊子)

螻 : 쓰르라미(여치) 혜, 蛄 : 씽씽매미 고, 不 : 아닐 불, 知 : 알 지
春 : 봄 춘, 秋 : 가을 추

우리는 남을 인정하고 존중하는 데 인색하다. 스스로 아는 척, 잘난 척하지만 조금만 깊이 들어가면 실상 아는 게 별로 없다. 그럼에도 상대를 인정하는 것에 주저한다. 재능과 지혜가 모자란 사람은 재능과 지혜가 넓고 깊은 사람을 뛰어넘을 수 없다. 그것은 현실이고 움직일 수 없는 사실이다. 자신의 경험과 느낌만으로 세상일과 다른 사람을 평가하고 재단하는 것은 아집이고 편견이다. 자신의 좁은 생각과 한계를 인정하고 그것을 깨고 넘어서려는 노력을 해야 한다. 그 첫 단계가 상대의 가치와 존재를 인정하는 것이다. 자신이 상대와 다름을 인정하고 그 차이를 받아들이는 자세와 마음이 필요하다. 상대적 차이와 크기를 인정할 때만이 자유롭게 살 수 있다. 이러한 사실을 장자莊子도 그의 책에서 일러 준다. 장자 소요유逍遙遊 편을 보자.

"보잘것없는 작은 지혜는 큰 지혜에 미치지 못한다. 짧은 기간을 사는 사람은 오랫동안 사는 사람에 미치지 못한다. 어찌하여 그럴 것이라고 알고 있는 것인가? 아침에 생겨나서 저녁에 사라지는 버섯은 그믐과 초하루를 알지 못한다. 쓰르라미와 씽씽매미는 봄과 가을을 알지 못한다. 이들이 너무 짧은 시간을 살기 때문이다. 초楚나라 남쪽에 명령冥靈이란 나무가 있다. 이 나무는 오백 년 동안을 봄으로 살고 또 오백 년 동안을 가을로 산다. 아주 오랜 옛날에 신령스러운 커다란 참죽나무가 있었다. 그 나무는 팔천 년 동안 봄으로 살고 또 팔천 년을 가을로 살았다. 그리고 요堯 임금의 신하인 팽조彭祖는 지금까지 아주 오래 산 사람으로 특별히 소문이 났다. 보통 사람들이 팽조에게 자기 자신의 수명을 비교하여 맞서려고 한다면 그 역시 슬픈 일이 아니겠는가?"

장자는 우화를 통해 자신이 경험하고 느끼고 안 것에만 집착하는 세상 사람들의 지식과 능력의 한계를 비웃고 있다. 모두에게는 맡겨진 깜냥과 그릇이 있으므로 자신의 분수를 모르고 작은 것에 큰 것을 견주어 생각하고 미리 짐작하여 판단하는 어리석음을 바꾸라는 이야기다. 쓰르라미와 씽씽매미가 봄과 가을을 모르는 것은 살아 보지 않았기 때문이다. 사계절을 다 살고 겪어 봐야 봄, 여름, 가을, 겨울의 특성과 차이를 알 수 있고 변화를 읽을 수 있다. 느끼고 경험한 사람만이 그 속에서 일어나는 변화와 역사, 옳고 그름을 파악할 수 있다. 여름만 사는 그들이 사계절은 물론이고 그 긴 세월의 희로애락을 어찌 알겠는가.

하여, 자신과 자신 밖의 일과 상황을 정확히 알고 그 한계를 분별해야 한다. 작은 것은 아무리 자랑하고 나타내도 커다란 것과 비교하면 질 수밖에 없다. 그것이 세상 이치다. 모든 사람에게는 주어진 그릇과 지켜야 할 방식들이 있다. 그런데 세상 사람들은 자신의 인식과 틀, 한계에 갇혀 늘 그 기준으로 판단하고 행동하려 한다. 이럴 경우 그는 언제나 자유롭지 못하게 된다. 장자는 말한다. '세상의 속된 가치나 기준, 잣대에 얽매이지 말고 그것으로부터 빨리 벗어나라고……' 그래야만 '참된 자유와 행복을 누릴 수 있다'라고 강조한다.

17
궁지에 몰린 적은
더 이상 쫓지 마라

- 궁구물박(窮寇勿迫) : 손자병법(孫子兵法)

窮 : 궁할(다할) 궁,　寇 : 도적 구,　勿 : 말(하지 말) 물
迫 : 핍박할 박

누구나 본의든 아니든 곤경에 처할 때가 있다. 그때 어려운 상황을 더욱 곤란하게 만드는 말이나 행동을 하는 사람들을 보곤 한다. 그런 행태는 하수들이나 하는 어리석은 짓이다. 자신이 쥐고 있는 패가 아무리 꽃놀이 패라 할지라도 올인all-in 해서는 안 된다. 제대로 살피고 결과를 예측할 수 있는 능력과 지혜가 있어야 한다. 참으로 지혜롭고 현명한 사람은 극단의 선택을 하지 않는다. 어떤 사안을 처리할 때 손익을 자세히 살피고 이득이 있을 때 잃을 것까지 계산하여 순조롭게 나아간다. 그럴 때만이 자신을 지키는 동시에 남을 다스리고 부릴 수 있다. 자만과 극단은 반드시 화를 부른다. 손자병법孫子兵法 구변九變 편에 나오는 '궁구물박窮寇勿迫'도 이런 지혜 가운데 하나다. '곤궁한 처지에 있는 적은 다그치거나 핍박하지 마라'라는 뜻이다. '구변'이란 때와 장소, 상황에 따라 적절히 펼치는 아홉 가지 변칙적 전략이다.

"병사를 유인하기 위해 먹잇감으로 보내는 병사는 달려들어 먹으려 하지 말고 고향으로 돌아가는 군대는 막지 마라. 포위된 적의 군대는 반드시 길을 터 주어 도망가게 하라. 궁지에 몰린 적은 다그치거나 바싹 죄어 괴롭게 하지 마라. 이것이 군사 작전을 하고 군대를 부리는 방법이다."

어떤가, 손자의 낭만이 보이지 않는가? 전쟁은 늘 살벌하다. 적을 죽이지 않으면 내가 죽는다는 원칙이 통용되는 곳이다. 하여, 최후의 일인까지 죽이는 것은 전쟁에서 늘 있는 일이다. 하지만 손자는 그런 통념을 벗어난다. 여기서 전쟁에 대한 손자의 인식의 일면이 보인 듯하다. 대부분의 사람들은 전쟁이라면 무조건 죽이고 파괴하는 것으로 안다. 그것만이 자신이 살길이라 믿기 때문이

다. 하지만 한발 물러서서 생각하면 다르다. 달아나는 적이나 궁지
에 몰린 적을 한 명도 남김없이 다 죽이지 않는다고 해서 승리를
낚은 군대의 사정이 바뀌지 않는다.

거꾸로 강한 적에게 잡힌 자신을 생각해 보라. 그러면 상황이
달라진다. 여유, 아량, 관용, 베풂, 공존과 같은 말들이 수없이 머
릿속에서 들고날 것이다. 그리운 부모 형제, 처자식이 있는 고향을
떠올리고 죽기 전에 그곳에 가고 싶은 것이 인지상정이다. 그런
까닭에 손자의 생각과 전쟁에 대한 인식이 돋보이는 것이다.

"고향으로 돌아가는 군대는 막지 마라. 포위된 군대는 반드시
길을 터 주고 도망갈 수 있게 하라. 궁지에 몰린 적을 너무 다그치
거나 괴롭히지 마라."

이 얼마나 인간적이고 따뜻한가.

어떤 일을 처리할 때도 마찬가지다. 주어진 상황과 흐름을 잘
살피고 헤아린 다음 자신에게 맞는 최선의 방법을 찾아야 한다.
지혜로운 사람은 어떤 일을 할 때 한쪽만 생각하지 않는다. 이해
득실과 여러 조건을 따지고 살핀 다음 최종적으로 행할 방도를 찾
는다. 자신의 강함만 믿고 대책 없이 행하다가는 낭패를 부를 수
있다. 지나침은 모자람과 같으므로 세상사 모두 적절한 수위 조절
이 필요하다. 그 대상이 누구든 막다른 지경에 이르면 모든 힘을

다해 공격과 방어를 하게 마련이다. 따라서 잘못하면 도리어 큰 피해를 입을 수 있다. 궁구물박窮寇勿迫하는 관용과 여유가 때로는 최상의 방법이 될 수 있다.

18

사람은 환경의
지배를 받는다

- 묵자비염(墨子悲染) : 묵자(墨子), 여씨춘추(呂氏春秋)

墨 : 먹 묵, 子 : 선생(아들) 자, 悲 : 슬퍼할 비
染 : 염색할(물들일) 염

맹모삼천孟母三遷은 맹자의 어머니가 아들을 위해 세 번 이사했다는 유명한 이야기다. 맹자에게 공부할 수 있는 좋은 환경과 분위기를 만들어 주기 위해서였다. 그만큼 사람에게는 주변 환경이 중요하다는 것이다. 독일의 인문 지리학자 프리드리히 라첼Friedrich Ratzel도 인간과 환경을 연구하면서 '인간은 환경의 지배를 받는다'라고 했다. 환경은 인간의 성장과 발달은 물론이고 의식이나 행태, 집단행동에도 영향을 미친다. 그러한 예는 정

154

치, 경제, 사회, 문화, 예술 등 여러 분야에서 확인할 수 있다. 사회
적 환경 또한 사회 발전과 국민 생활에 커다란 영향을 준다. 독재
국가와 민주 국가를 보면 그 결과를 알 수 있다. 사람 간의 관계도
예외는 아니다. 어떤 사람과 만나고 교류하느냐에 따라 그 결과가
다르게 나타난다. '묵자비염墨子悲染'도 그런 의미를 지닌 말이다.
'묵자墨子가 실에 염색하는 것을 보고 슬퍼했다'라는 뜻으로 '사람
은 환경이나 습관에 따라 그 성품이 착해지기도 하고 악해지기도
한다'라는 의미다. 묵자 소염所染 편, 여씨춘추呂氏春秋 제2권 사일당
염四日當染 등에 나온다.

어느 날 묵자가 실에 물을 들이는 사람을 보고 한탄하면서 말했다.
"푸른 물감에 물을 들이면 푸른색이 되고 노란 물감에 물을 들이면
노란색이 되는구나. 이렇게 들어가는 물감에 따라 그 실의 색깔 역시
변하는구나. 그런 까닭에 물들이는 일은 정말로 조심하고 삼가야 할
일이다. 사람이나 나라도 이와 다르지 않다. 그 물들이는 방법에 따라
잘되기도 하고 형편없이 망가지기도 한다."

그런 다음 묵자는 구체적인 예를 들어 사람들에게 경계하도록
했다. 묵자는 먼저 좋은 예를 들었다.

"순舜 임금은 허유許由와 백양伯陽 같은 신하의 착함에 물이 들어 세
상을 아무 걱정 없이 편안하게 다스렸다. 하夏나라 시조 우禹 임금은
어질고 현명한 신하 고요皐陶와 백익伯益의 가르침에 물들었다. 은殷나
라 시조 탕왕湯王은 어질고 훌륭한 신하, 이윤伊尹과 중훼仲虺의 가르침
을 따랐다. 주周나라 무왕武王은 태공망太公望과 주공단周公旦과 같은 현명
하고 충성스러운 사람들의 가르침을 받들었다. 이런 임금들은 어질고
훌륭한 신하들의 가르침과 충직한 말에 귀 기울이고 그것들에 물들고
영향을 받았기 때문에 천하의 제왕이 될 수 있었다."

묵자는 반대의 경우도 예를 들었다.

"하나라의 마지막 왕 걸桀은 간신 추치推哆의 간사하고 악한 것에
물들어 사납고 악한 임금이 되었다. 은나라의 마지막 왕 주紂는 숭후
崇侯, 오래惡來의 사악함에 물들어 가장 포악하고 사나운 임금으로 기록
됐다. 주나라 여왕勵王은 영이종榮夷終 등과 같은 무리의 간사하고 악한
짓에 물들었다. 주나라 유왕幽王은 부공이傅公夷 등과 같은 신하의 간사
하고 악독함에 물들어 음란하고 방탕한 생활을 일삼다가 마침내 나라
와 자신의 목숨까지 잃는 수치와 모욕을 당했다."

순자荀子도 권학勸學 편에서 비슷한 이야기를 했다.

"쑥이 삼밭에서 자라면 옆에서 붙들고 바로잡아 주지 않아도 곧게 자란다. 하얀 모래도 개흙 속에 있으면 더불어 함께 검어진다."

쑥과 모래도 어떤 것과 같이 있느냐에 따라 그 성질과 모양이 달라지는데 사람은 말해서 무엇하랴. 사람은 다른 사람과의 관계를 통해 서로 영향을 주고받는다. 자신이나 집단을 둘러싸고 있는 상황과 환경 또한 서로의 관계에서 수많은 역할과 작용을 한다. 그것은 서로를 물들이고 변하게 한다. 그 사람의 인격과 이미지, 캐릭터character 형성에도 큰 역할을 한다. 주변 사람들과 환경은 일의 과정은 물론 결과에도 커다란 영향을 미친다.

맥락 읽기

1

늘 낮은 데로
임하라

- 상선약수(上善若水) : 노자(老子)

上 : 위 상, 善 : 착할 선, 若 : 같을 약, 水 : 물 수

물은 낮은 곳으로, 더 낮은 곳으로 흘러간다. 흐르고 흘러 빈 곳을 채우고 그렇게 흘러갈 뿐이다. 물은 욕심도 다툼도 없이 흘러 시내와 강을 건너 바다로 가는 무심한 존재다. 물의 마음, 여유, 자세, 양보, 어짊, 착함을 배울 수 없을까? 물과 같이 어디에도 얽매이지 않고 거스르지도 않는 태도로 우리도 흐르는 물처럼 살 수 없을까? 그렇게 살 수 있다면 세상이 얼마나 평화롭고 아름다울까? 노자老子는 그의 책 제8장 이성易性 편에서 물에 대해 이렇게 설명한다.

"지극히 착한 것은 물과 같다. 물의 지극히 착함은 세상 만물을 이롭게 한다. 물은 모두에게 혜택을 베풀 뿐 스스로를 위해 빼앗거나 다투지 않는다. 물은 아래로만 흐르고 모두가 늘 싫어하는 낮은 곳에 머문다. 그런 까닭에 물의 성질이나 특성은 도道에 가깝다. 물의 특성을 닮은 성인도 그와 같이 행동한다. 그 몸을 모두가 싫어하는 가장 낮고 천한 곳에 둔다. 그 마음을 아무것도 생각하지 않고 흔들리지 않는 깊은 곳에 둔다. 다른 사람에게 지극히 착한 어짊을 베푼다. 믿음이 가고 실천적인 말만 한다. 잘 다스려 세상과 사람을 바로잡는다. 가장 효율적으로 일한다. 늘 가장 좋은 때를 골라 움직인다. 물은 어떤 경우에도 반드시 싸우지 않는다. 그러므로 허물이나 흠이 없다."

노자가 말한 물의 특성을 요약하면 첫째, 물은 만물을 이롭게 하여 고루 혜택을 베푼다. 둘째, 세상 만물에게 베풀어 이롭게 할 뿐 남의 것을 빼앗거나 자신의 몫을 챙기지 않는다. 셋째, 언제나 아래로만 흐르고 막으면 멈추고 트면 다시 흘러간다. 넷째, 모두가 싫어하는 가장 낮은 곳에 머물기에 허물이 없다. 따라서 물의 특성은 도에 가깝다는 것이다.

물은 누구에게나 고루 아낌없이 준다. 남에게 베풀 뿐 다투거나 자신을 위하지 않는다. 다른 사람들이 가장 싫어하거나 바라지 않는 곳을 찾아 머문다. 자신을 알아 달라고 말하지 않고 자신의 공덕을 내세우지 않는다. 그러한 지극히 착함, 상선上善은 상대적이고 인위적인 선악의 개념을 넘어선 것이다. 그저 주어진 운명처럼 자연스럽게 흐르고 흘러 낮은 데로 자리할 뿐이다. 가장 착한 사람은 물과 같은 성품을 지닌 자다. 그 또한 남에게 은혜와 덕을 베풀 뿐 자신의 명예나 자리를 다투지 않는다. 집착도 자랑도 명예도 자리도 단지 남의 일인 듯 살아간다. 그런 사람의 말에는 믿음이 있고 실천이 따른다. 뿐만 아니라 모든 일을 가장 쉽고 바르고 효율적으로 처리하여 세상과 다른 사람들을 편안하게 한다.

하지만 우리는 어떤가? 인생살이가 팍팍하다고 아우성이다. 그것은 모두가 노자의 가르침과 정반대로 살고 있기 때문이다. 우리는 자신의 명예와 욕망을 위해 살 뿐 다른 사람에게 베풀지 않는다. 스스로의 이익을 위해 다투고 빼앗고 높은 곳만 쳐다본다. 사람들은 낮고 천한 곳을 싫어하며 거짓과 위선으로 가득 찬 말을 밥 먹듯 하고 오직 내가 잘되면 그만이다. 그러므로 오늘을 사는 우리에겐 허물이 너무도 많다.

2
잘나갈 때
조심하고 살펴라

- 항룡유회(亢龍有悔) : 주역(周易)

亢 : 오를 항, 龍 : 용 룡, 有 : 있을 유, 悔 : 뉘우칠 회

잘나갈 때 조심하고 두루 살펴야 한다. 주변엔 하늘 높은 줄 모르고 까불다 낭패狼狽를 보는 사람들이 많다. 자신이 누리는 지위와 권세가 언제까지나 이어질 것이라 믿는 것은 착각이다. 산 정상에 오르면 그다음은 반드시 내려와야 한다. 이것은 인간사의 법칙이다. 끝까지 올라간 사람은 이제 내려갈 일만 남아 있다. 그럼에도 불구하고 사람들은 그 이치를 깨닫지 못하여 헛발질과 실수를 연발해 많은 물의物議를 빚기도 한다. 이런 사람들이 가슴에 새겨야 할 이야기가 '항룡유회亢龍有悔'다. 이는 '하늘 끝까지 높이 올라간 용龍이 이젠 내려갈 일밖에 없어 후회한다'라는 의미다. 즉 '권력과 세력이 최고조에 달한 사람은 내려갈 일밖에 없으니 모든 일에 조심하고 삼가라'라는 뜻이다. 주역周易 건괘乾卦의 뜻을 설명하는 효사爻辭에 나와 있다.

건乾은 하늘이다. 하늘은 크게 바르고 모든 일이 뜻과 같이 잘되는 것이다. 하늘乾이란 굳세고 피로할 줄 모르는 적극적인 존재로 건전하며 성실하고 충직하다. 또한 스스로 일으키고 움직이며 활기를 만든다. 사람으로 말하면 가장 잘나갈 때다. 건괘는 용이 하늘로 올라가는 것처럼 기운이 넘치는 남성적 파워를 나타낸다. 이 괘는 단계에 따라 힘과 지위, 마음 자세를 용으로 나타내고 있다. 그 단계를 살펴보자.

"맨 아래는 잠룡潛龍이다. 그것은 물속에 잠겨 있는 용이니 쓰지 마라潛龍勿用. '드러나지 않게 물속에 숨어 있는 용'이란 용이 덕을 갖추고 있으나 아직 세상에 나타나지 않은 것이다. 세상일에 아첨하거나 그것을 좇지 않고 명성을 구하는 일이 없다. 숨어 살아도 불평하지 않는다. 그러므로 숨어 있는 용이다.

두 번째는 현룡見龍이다. 하여, 밖으로 드러난 용이다. 현룡은 덕을 갖추고 때와 장소를 얻은 사람이다. 그는 늘 말과 행동을 삼가고 악을 멀리하여 성실한 마음을 가졌다. 착한 일을 해도 자랑하지 않는다. 널리 덕을 베풀어 모든 백성을 바람직하게 변화시킨다. 현룡은 훌륭한 군주의 신임을 받는 사람이다.

다음은 비룡飛龍이다. 비룡飛龍은 성인聖人의 성품이나 소질, 덕을 지닌 사람이 성인의 자리에 올라 백성들에게 바르고 착한 정치를 베푸는 것이다. 그는 지혜와 덕이 뛰어나 우러러 본받을 만한 사람이다.

마지막 맨 위는 항룡亢龍이다. 이런 단계를 거쳐 정점에 이른 용이 항룡이다. 이를테면 세상의 모든 것을 다 누리고 즐긴 용이다. 정점頂點을 찍은 최고 권력자다. 그에게는 물러섬만 있고 나아갈 길과 곳은 없다. 끝까지 올라간 용이니 뉘우침이 있을 것이다亢龍有悔. 하지만 항룡은 올라가고 나아가기만 알 뿐 물러서는 것을 모른다. 보호하고 보살피고 지키는 것만 안다. 제구실 못하고 끝장나는 것을 모른다. 얻은 것만 알고 잃은 것을 모른다. 다시 말해 하늘 끝까지 다 올라간 사람은 지위가 높고 귀하고 중요하지만 반드시 그 지위를 잃게 된다. 너무 높기에 백성의 마음을 잃을 수 있다. 다른 사람을 챙기지 않고 무시하기에 현명하고 어진 사람의 도움을 받을 수 없다. 무엇을 해도 후회하기 쉽다. 모든 것이 후회뿐이다."

이런 '항룡유회'를 마음에 품고 실천한 사람이 중국 한漢나라 개국 공신 장량張良이다. 그는 고조高祖의 책사로 한나라를 세우는 데 커다란 공을 보탰다. 하지만 그는 자신의 처지를 알고 적절히 행동했기에 천수天壽를 누릴 수 있었다. 세상살이에 대한 장량의 concept와 stance는 다음과 같았다. 사마천의 사기史記 유후세가留侯世家에 나오는 그의 말을 살펴보자.

"지금 나는 세 치의 혀로 황제의 군사軍師와 책사가 되었다. 그리하여 나라에서 내려 준 땅과 고을이 일만 호에 이른다. 그리고 나의 지위는 제후의 품계나 신분에 올랐다. 이것은 보통 사람으로서 최고의 위치다. 나는 이를 매우 만족스럽게 생각한다. 그런 까닭에 세상살이에 초연하여 홀로 고상하게 전설 속의 신선인 적송자赤松子를 따라 한가롭게 이리저리 다니면서 놀고 싶다."

장량처럼 허허롭게 살아야 한다. 올라가면 반드시 내려온다. 정상頂上은 한때의 영광일 뿐이다. 그다음에 보이는 것은 내리막길뿐이다. 적당한 수준에서 만족해야지 욕심을 부리고 무리하면 위태롭다. 주변 상황과 변화를 살피고 분수를 지켜야 한다. 덕을 쌓고 몸가짐을 바르게 하고 겸손해야 한다.

3

핵심을 알면
모든게 순조롭다

- 긍경(肯綮) : 장자(莊子)

肯 : 뼈에 붙은 살 긍, 뼈 사이의 살 개
綮 : 힘줄 얽힌 곳(힘줄) 경, 비단 계

모든 중요한 것들은 눈에 쉽게 보이지 않는다. 모든 일은 본래의 이치에 따라 마음으로 보고 처리할 때 자연스러우며 그것이 높은 경지다. 무슨 일이든지 핵심을 파악하면 손쉽게 할 수 있다. 핵심을 파악하는 것은 눈에 보이는 기술이나 손놀림이 아니다. 그것은 그 속에 담긴 이치를 따라가는 욕심 없는 자연스러움이다. 마음으로 보아야 핵심을 알 수 있고 핵심을 알면 모든 게 순조롭다. 이러한 예를 장자莊子에서 만날 수 있다. 장자 내

편內篇 양생주養生主에 나오는 '긍경肯綮'이 그것이다. 긍肯은 뼈에 붙은 살이고 경綮은 뼈와 살이 이어진다는 뜻이다. 긍경은 사물의 핵심이나 일의 관건이 되는 부분을 비유적으로 나타내는 말로 요점과 핵심을 정확히 잡아내 자연스럽게 처리하는 것이다. 포정庖丁은 요리를 직업으로 하는 사람으로 개나 소, 돼지를 잡는 백정이다. 요즘으로 치면 요리의 명인名人쯤 되는 사람이다. 어느 날 포정이 양梁나라 혜왕惠王인 문혜군文惠君을 위해 소를 잡고 있었다.

그 손놀림, 어깨로 기대고 발로 딛고 무릎으로 누르는 모양이나 쓱쓱 칼질하는 품새가 가락에 맞지 않는 것이 없었다. 그의 행동이 중국 은殷나라 탕왕湯王이 상림이라는 땅에서 기우제를 지낼 때 춘 상림桑林의 춤에 맞고 요堯 임금 때의 음악인 함지곡咸池曲의 한 악장인 경수經首의 장단에도 맞았다. 그래서 문혜군이 말했다.

"정말 잘한다. 훌륭하구나. 재주가 이런 경지까지 이를 수 있는가?"

포정이 칼을 놓고 이렇게 대답했다.

"제가 좋아하는 것은 도道입니다. 그것은 요령이나 기술보다 앞서는 것입니다. 제가 처음 소를 잡을 때 눈에 보이는 것은 오직 소뿐이었습니다. 그러나 3년 후에는 소가 보이지 않았습니다. 지금은 소를 영감靈感이나 정신으로 대할 뿐 눈으로는 보지 않습니다. 눈으로 보는 것은 그만두고 마음에 따라 움직이고 있습니다. 그래서 소 몸뚱이 조직의 자연스런 이치를 따라 뼈와 살이 붙어 있는 틈을 젖히고 뼈마디에 있는 큰 구멍에 칼을 집어넣습니다. 소가 본디 생긴 구조에 따라 칼을 움직이고 씁니다. 그런 까닭에 뼈와 살, 힘줄이 붙은 곳에서 칼이 한 번도 걸린 적이 없습니다. 하물며 큰 뼈에 부딪치는 일이 있겠습니까?

흘룡한 포정은 1년에 한 번 칼을 바꿉니다. 살을 베고 자르기 때문입니다. 보통의 포정은 한 달에 한 번 칼을 바꿉니다. 칼이 뼈에 부딪쳐 부러지기 때문입니다. 지금 저의 칼은 19년이나 썼습니다. 그동안 잡은 소가 수천 마리 되지만 그 칼날은 방금 숫돌에 새로 간 것처럼 보입니다. 소의 뼈마디에는 틈이 있고 칼날에는 두께가 없습니다. 두께가 없는 칼을 틈이 있는 곳에 넣으니 넓고 느슨하여 그 칼날을 놀리고 휘둘러도 반드시 그곳에 여유로운 공간이 있습니다. 이런 까닭에 19년이나 되었어도 제 칼은 방금 숫돌에 새로 간 것과 같은 것입니다. 비록 그리하여도 뼈와 힘줄, 근육이 한데 엉켜 뒤섞인 곳을 만나면 저도 다루기가 어려워 두려워하고 조심합니다. 그곳에 눈길을 멈추고 천천히 움직이며 칼 놀림도 매우 자세하고 꼼꼼하게 합니다. 그러다가 갈라져 흩어지면 마치 흙덩이가 땅에 떨어지듯 뼈와 살들이 따로따로 흩어지거나 떨어집니다. 그때야 칼을 들고 일어나 사방을 살펴보고 머뭇거리며 망설이다 만족해하며 칼을 잘 닦아 집어넣습니다."

그 말을 듣고 왕나라 혜왕인 문혜군이 말했다.

"참으로 훌륭하구나. 나는 포정의 말을 듣고 오래 살기 위하여 몸과 마음을 편안히 하고 병에 걸리지 않게 노력하는 법養生法을 배웠도다."

우리들의 마음속은 쓸데없는 것들로 가득하다. 너무 많은 것에 마음을 빼앗기면 어느 것 하나 제대로 챙길 수 없다. 아름답고 소중하고 빛나는 것들은 모두 가까이 있다. 마음이 그걸 보지 못할 뿐이다. 마음이 한곳으로 모아지지 않으면 제대로 보거나 헤아릴 수 없다. 제대로 보려면 마음으로 보아야 한다. 마음 다스림이 중요한 까닭이 여기에 있다. 제아무리 뛰어난 기술이나 재주도 마음을 따라잡지 못한다. 모아지지 않는 마음은 헛것이다. 마음을 집중하고 끊임없이 자신을 연마하면 당신을 최고의 경지로 데려다 줄 것이다. 포정이 양혜왕에게 하고픈 말도 이와 같았다. 마음을 모아 핵심을 잡아라. 그렇지 않으면 모두가 청맹과니다.

4

인생은
시간과의 싸움이다

逝 : 갈 서, 者 : 놈(것) 자, 如 : 같을 여, 斯 : 이것 사
夫 : 감탄사(…도다, 구나) 부, 不 : 아닐 불
舍 : 고를(택할) 사, 晝 : 낮 주, 夜 : 밤 야

흐르는 것이 어디 물뿐이랴. 시간도 물처럼 바람처럼 흘러간다. 시간은 늘 우리 곁에 존재하지만 우리는 공기처럼 시간의 소중함을 인식하지 못한 채 그 존재를 잊고 산다. 시간은 누구에게나 같은 크기와 양으로 주어지며 시간 앞에 사람은 모두 평등하다. 하지만 시간을 쓰는 사람에 따라 그 결과는 천차만별이다. 시간은 멈추지 않으며 컴퓨터처럼 다시 부팅booting시키거

나 되돌릴 수 없다. 시간은 저장할 수 없다. 가고 나면 그뿐이라서 가고 난 뒤 후회해도 소용없다. 따라서 무엇을 하든 어디에 있든 시간을 목숨처럼 소중히 하고 1분 1초를 아껴라. 그러면 시간은 당신을 빛나게 하고 당신을 성공의 강가로 데려다 줄 것이다. 공자孔子도 논어論語 자한子罕 편에서 다음과 같이 말했다.

공자가 냇가 위에서 흐르는 물을 바라보며 말했다.
"지나가는 것들이 모두 이와 같구나. 낮과 밤을 가리지 않는구나."

그림을 그려 보자. 온통 노을빛이다. 흐르는 시냇물에 노을빛이 일렁이고 그 곁에 공자가 우두커니 서서 하염없이 그 풍경을 바라보고 있다. 찬란한 태양도 스러져 가고 공자 또한 인생의 끝자락을 지나고 있다. 노을빛이 부서지는 시냇물을 바라보며 무슨 생각을 했을까? 자신을 알아주지 않는 세상을 한탄하며 원망했을까, 아니면 삶은 기쁠 것도 괴로울 것도 없는 한바탕 꿈이라 느꼈을까? 그것도 아니면 늙어서 이제는 볼품없고 쓸쓸한 자신을 돌아보며 불쌍하고 가련하다는 생각을 했을까? 그의 고뇌와 아쉬움, 쓸쓸함과 비장함, 애잔함이 노을빛 아래 무심히 흐르는 시냇물과 겹쳐진다. 공자 대신 아무나 대입해 보자. 그러면 누구나 그와 같으리라. 지나간 시간의 묶음들은 늘 아쉽고 애잔한 법이다. 공자 같은 성인聖人도 후회하거늘 우리 같은 평범한 사람들은 말해서 무엇하겠는가. 이에 대해 주희朱熹는 이렇게 덧붙였다.

"세상 만물의 어울림은 늘 가는 것은 가고 오는 것은 계속 온다. 하여, 한순간도 멈춘 것을 본 적이 없다. 그것은 변할 수 없는 법칙이다. 도道의 본래 모습이 그러하다. 그러하니 그것을 가리켜 보일 수도 있고 쉽게 볼 수 있는데 시냇물이 흐르는 것이 바로 그와 같은 것이다. 그런 까닭에 드러내 사람에게 보이고 배우려는 사람으로 하여금 늘 자신을 되돌아보고 살펴 터럭만큼의 틈이라도 끊어짐이 없도록 해야 한다."

한편 주희는 권학문勸學文에서 시간의 소중함을 이야기했다.

"오늘 배우지 아니하고 내일이 있다고 말하지 마라. 올해 배우지 아니하고 내년이 있다고 말하지 마라. 날과 달은 가고 세월은 나를 기다려 주지 않는다. 아아! 슬프다. 늙었구나. 이것이 누구의 허물이란 말인가!"

공자도 논어 자한 편에서 다시 말했다.

"비유하건대 산을 만들되 한 삼태기가 부족하여 이루지 못하고 그치는 것도 내가 그치고 멈추는 것이다. 비유컨대 땅을 평평平平하게 하는 데에 한 삼태기의 흙을 덮더라도 나아가는 것은 내가 나아가는 것이다."

이것은 배우고 얻고자 하는 사람이 쉬지 않고 스스로 열심히 노력하면 반드시 원하는 바를 이룰 수 있다는 이야기다. 거꾸로 열심히 나아가다 중간에 그치면 앞에서 쏟았던 모든 수고와 노력이 한 순간에 물거품이 된다는 것을 일깨우는 말이다. 무엇을 하든 쉬지 말고 열심히 최선을 다하라는 가르침이다. 중국 동진東晉의 유명한 시인 도연명陶淵明도 잡시雜詩에서 시간을 아껴 쓰라고 말했다.

"찬란한 젊은 날은 다시 오지 않는다. 하루에 아침은 두 번 오기 어렵다. 때를 놓치지 말고 스스로 애쓰고 열심히 노력하라. 세월은 사람을 기다리지 않는다."

인생은 시간과의 싸움이다. 시간을 어떻게 관리하고 보내느냐에 따라 그 인생의 빛과 색이 달라진다. 시간은 당신에게 주어진 선물이다. 그 소중한 선물을 고맙게 받을 것인가, 아니면 차 버릴 것인가? 그 선택은 고스란히 당신의 몫이다. 지나간 시간을 아쉬워하기에는 인생이 너무 짧다. 주어진 시간 속에서 자신의 삶을 열심히 살자. 시간은 사람을 기다려 주지 않는다.

5

뿌린 대로
거두리라

天 : 하늘 천,　網 : 그물 망,　恢 : 넓을 회,　疏 : 서투를(성길, 트일) 소
而 : 어조사(말 이을) 이,　不 : 아닐 불,　失 : 잃을(놓칠) 실

온갖 불법 비리 의혹과 혐의로 수사 기관에 끌려가는 고위 공직자나 사회 지도층 인사, 재벌 총수들의 모습과 이야기는 모두 한결같다. 먼저 억울함을 호소한다. 둘째, 자신과는 무관하다며 오리발을 내민다. 셋째, 모두가 모함이고 오해에서 비롯된 일이라고 한다. 넷째, 검찰 조사에 성실히 임하겠다고 한다. 마지막으로 법정에서 진실을 가리겠다고 한다. 하지만 국민들은 더 이상 그들에게 속거나 그들을 믿지 않는다. 그러한 행동이나

말은 국민의 눈과 귀를 일시적으로 막을 수는 있지만 언젠가는 다 드러나게 되어 시간이 필요할 뿐 진실은 밝혀진다. 진실은 퇴색되지 않는다. 그것이 진실의 본연本然이다. 진실은 어떤 경우에도 훼손되지 않는다. 단지 나설 때를 기다릴 뿐이다. 노자老子도 이와 관련해 도덕경道德經 제73장 임위任爲 편에서 다음과 같이 말한다.

"하늘의 도道는 다투지 않아도 잘 이긴다. 말하지 않아도 모든 것에 잘 맞추어 대답하거나 행동한다. 부르지 않아도 스스로 온다. 편안한 모습으로 느슨해 보여도 잘 꾸미고 좋은 대책과 방법을 세운다. 하늘의 그물망법망은 큼직하고 엉성하고 늘어졌지만 어떠한 경우에도 나쁜 것을 반드시 놓치지 않는다."

하늘의 법망과 그물은 보기에는 크고 넓고 엉성하고 느슨하여 다 빠져나갈 수 있을 것 같지만 전혀 그렇지 않다. 하늘은 자신이 바라보는 나쁜 일, 좋은 일을 있는 그대로 하나도 놓치지 않는다. 까불면 큰코다친다는 이야기다. 하늘은 단지 싸우지 않고 말을 하지 않을 뿐 자신이 해야 할 일들을 하나도 놓치는 법이 없다. 여기서 그물망이란 하늘의 심판이라 할 수 있다. 소홀하게 처리하고 느슨하게 행동하지만 옳은 것은 옳다, 그른 것은 그르다고 확실히 가르고 판단한다. 그러므로 하늘은 인간의 죄를 절대 놓치는 법이 없으며 인간 또한 그 그물망을 빠져나갈 수 없다.

세상일이 다 그런 것이다. 어떨 때는 매우 엉성하고 어수룩하게 보여도 반드시 진실에 따라 움직인다. 어떤 사람이 아주 나쁜 일을 했다고 치자. 그는 어느 기간 동안에는 잘나가고 잘 먹고 잘 살 수 있다. 하지만 언젠가는 반드시 그 대가를 치르게 되고 만다. 그가 했던 대로 받고 뿌린 대로 거둔다. 그것이 하늘의 뜻이다. 자신의 출세와 명예, 권력과 탐욕을 위해 저지른 모든 악행들이 반드시 부메랑이 된다. 그것은 지난 역사가 수없이 증명하고 증언한다. 어떤 사람이 추악한 일을 했을 때 세상의 법이나 사람들이 그를 어쩌지 못한다 해도 하늘은 기억하고 반드시 그에게 죗값을 치르게 한다.

하늘의 법망은 너무나 크고 넓어서 빈틈이 많다. 따라서 사람들이 그것을 무시하고 홀대할지 모른다. 하지만 허허실실이다. 그만큼 빈틈없고 철저하다. 이를 무시하면 반드시 당한다. 이 말은 자신과 집단을 위해 온갖 나쁜 짓을 다하는 인간들에게 던지는 노자의 서늘한 경고이자 메시지다.

6
세상이 반드시
공정한 것은 아니다

- 천도시야비야(天道是耶非耶) : 사기(史記)

天 : 하늘 천,　道 : 길(이치, 근원) 도,　是 : 옳을 시,　耶 : 어조사 야
非 : 아닐 비

학창 시절에 부모님이나 선생님으로부터 귀에 못이 박히도록 들은 말이 있다.

"착하고 바르게 살아라."

"바르게 살면서 열심히 노력하면 성공할 수 있다."

하지만 학교 문을 나선 후 맞닥뜨린 현실은 전혀 그렇지 않다. 온갖 수단과 구실, 편법과 탈법을 한 인간들이 잘 먹고 잘 사는 상황을 수도 없이 목격하게 된다. 멀리 갈 것도 없다. 일제 강점기

에 조국과 민족을 위해 모든 것을 바쳐 독립 운동을 했던 사람들을 보라. 그 자신은 물론이고 후손까지 온갖 고난과 역경을 겪었고 지금까지도 어려움에 처해 있다. 반면에 독립 운동가들을 탄압하고 고문하고 죽이고 온갖 나쁜 짓을 다 한 친일파들은 호의호식好衣好食하며 대대로 호사를 누리고 있다. 그뿐인가. 전두환으로 대표되는 신군부 세력들은 어떤가. 그들은 1980년 광주에서 죄 없는 수많은 민주 인사들과 노동자, 농민, 학생들을 무참히 고문하고 죽였다. 그런데 그들은 아직도 잘 먹고 잘 살고 있다. 이것이 바른 세상인가, 이것이 참인가? 열심히 성실하게 사는 사람들이 대우받는 사회인가?

2천 백여 년 전 사마천司馬遷도 이런 사실에 대해 의문을 제기했다. 그것이 '천도시야비야天道是耶非耶'다. '하늘의 도道가 옳은 것인가, 그른 것인가'를 묻고 그에 관해 나름의 의문疑問을 예를 들어 설명한다. 이는 사마천의 사기史記 백이열전伯夷列傳에 나온다. 사마천은 한漢나라의 위대한 역사가다. 그는 역사와 천문을 담당하는 태사령太史令 벼슬을 하고 있었다. 한나라 무제武帝 시절 흉노匈奴족 토벌에 나섰던 이릉李陵 장군이 흉노족에게 붙잡혔다. 조정의 모든 사람들이 그를 심하게 욕하고 나무랐지만 오직 사마천만이 그를 옹호했다. 그 때문에 무제의 미움을 사 남자로서는 가장 수치스러운 '성기性器를 자르는 벌'인 궁형宮刑을 당했다. 그는 분노했고 처지를 한탄하면서도 오직 바른 역사를 써 후세에 전하겠다는 한 가지 생각으로 하루하루를 살아갔다. 그는 자신이 이릉 장군을 변호한 것이 정당하고 바른 길이라 믿어 의심치 않았다. 하여, 그는 자신의 생각과 의지를 바탕으로 과연 하늘의 도가 옳은가, 그른가를 생각하고 그에 대한 견해를 격정적으로 밝혔다. 백이열전을 따라가 보자.

"어떤 사람은 말하기를 '세상을 지배하는 하늘의 이치나 의지天道는 한쪽으로 치우치지 않으며 한결같고 사사로움이 없어 늘 착한 사람을 돕는다'라고 했다. 백이伯夷와 숙제叔齊 같은 사람은 착한 사람이 아니란 말인가? 백이와 숙제는 어짊과 덕을 쌓고 실제 행동을 깨끗하게 하였지만 그들은 굶어 죽지 않았는가. 또한 공자孔子는 제자들 가운데 오직 안연顔淵 한 사람만 학문을 좋아하는 사람으로 소개하고 추천했다. 그러나 안연도 늘 가난하여 술지게미와 쌀겨 같은 거친 음식조차 배불리 먹지 못하고 젊은 날에 죽고 말았다. 하늘이 착한 사람에게 혜택과 보답을 베풀어 준다고 하면 어찌하여 이런 일이 일어날 수 있겠는가. 춘추 시대春秋時代 말기 악명 높았던 큰 도적 도척盜跖은 날마다 죄 없는 사람을 죽이고 사람의 간을 꺼내 회 쳐 먹었다. 사납고 악착

182

하기가 이를 데 없는 짓을 함부로 하고 제멋대로 행동했다. 하지만 그는 끝내 타고난 수명을 다 누리고 죽었다. 이것은 도척의 어떤 어질고 너그러운 행실에 따른 것인가. 이것들은 하늘에 도가 없다는 것을 보여 준 더할 나위 없이 크고 확실한 예라 할 수 있다."

사마천의 격정激情과 분노는 여기서 그치지 않았다.

"요즘에 이르러서도 하는 행실이 올바르지 않고 오로지 사람들이 꺼리고 싫어하는 일만 하면서도 죽을 때까지 편안하게 쾌락을 즐기고 여러 대까지 부귀영화를 누리는 사람이 있다. 반대로 발을 내디딜 때도 함부로 내딛지 않고 늘 조심하고, 자신의 생각을 밝히고자 할 때는 그 때를 기다려 말을 하고, 길을 갈 때는 작은 길이나 지름길을 고르거나 택하지 않고, 공명정대公明正大한 일이 아니면 결코 힘써 하지 않는데도 불행한 사고와 재난을 당하는 사람이 셀 수 없이 많다. 이것은 도대체 어찌된 까닭인가. 나는 이것이 몹시 헷갈린다. 만약에 이런 일이 이른바 하늘의 도라고 말한다면 과연 그 하늘의 도는 옳은 것인가, 그른 것인가."

사마천의 격정과 분노가 오늘에도 생생하게 살아남아 '모순된

현실'에 대해 우리에게 묻는 듯하다. 현실의 불합리와 모순, 야만
적 권력과 그 결과로 빚어지는 끔찍한 일들. 어처구니없는 현실에
서 바른 것과 그른 것에 대한 기준과 원칙, 의문투성이의 현실에
대한 회의와 고민이 고스란히 전해진 것만 같다. 참이란 무엇인
가? 또 정의란 무엇인가?

7
미더운 말은 꾸미지 않고
꾸민 말은 미더움이 없다

- 신언불미 미언불신(信言不美 美言不信) : 노자(老子)

信 : 믿을 신, 言 : 말씀 언, 不 : 아닐 불, 美 : 아름다울 미

세상엔 말이 넘쳐난다. 말의 홍수 속에서 말을 하고 말을 듣는다. 말은 감정과 생각을 표현하는 도구로서 자신을 드러내고 생각과 의견을 전달한다. 말은 다른 사람의 느낌과 의견, 주장을 가늠하는 중요한 잣대다. 가끔은 말 잘하는 사람이 대우를 받기도 하지만 모든 말 속에 진실이 들어 있는 것은 아니다. 즉, 말을 잘한다고 해서 그 말이 곧 미더운 것은 아니다. 현란한 말솜씨는 간혹 빈 수레가 되기도 하며 독이 되어 자신을 괴롭히기도 한다. 겉치레적인 말, 판에 박힌 말은 하지 않거나 듣지 않는 편이 더 나을 때도 있다. 말에 조리와 논리가 있어야 한다는 것은 고정 관념이고 선입견이다. 쓸데없는 말은 하지 않는 게 더 낫다. 말에 진실이 없으면 가식假飾이고 궤변詭辯이다. 어눌하더라도 진실과 믿음이 담긴 말이 더 빛나고 아름다운 것이다. 2천 5백여 년 전 노자老子는 벌써 이런 사실을 간파하고 있었다. 신언불미 미언불신信言不美 美言不信, 즉 '진실한 말은 꾸미지 않고 꾸민 말은 진실하지 않다'라고 했다. 이 말은 노자 제81장 현질顯質에 나온다.

"믿음이 있고 성실한 말은 아름답지 않다. 아름다운 말은 믿음과 성실함이 없다. 더없이 착하고 훌륭한 사람은 말을 잘하지 아니한다. 말을 잘하는 사람은 착하지도 훌륭하지도 않다. 참으로 많이 아는 사람은 자질구레한 잔 지식에 집착하지 않는다. 잘고 시시하고 대수롭지 아니한 지식을 많이 알고 있는 사람은 참으로 알지 못한다."

믿음직한 말에는 미사여구가 없다. 아니 필요 없다. 말이 믿음직스럽지 못하고 착하지 않기에 꾸미고 바르고 분칠하는 것이다. 착하고 바르고 훌륭한 말은 애써 그럴 필요가 없다. 세상의 말들이 다 그렇다. 바른 말은 좋게 들리지 않는다. 그것은 맵고 쓰고 아프다. 제대로 알고 바르게 행하는 사람은 말이 필요 없으며 말을 잘할 필요나 욕구를 느끼지 않는다. 있는 그대로 보여 주면 되기 때문이다. 그렇지 않은 사람들이 온갖 구실과 아름다운 말을 끌어들인다. 제대로 아는 사람은 아는 체하지 않는다. 아는 체할 필요를 느끼지 않기 때문이다. 제대로 알지 못하고 너저분하고 시답잖은 지식에 집착하는 사람들이 아는 체하는 것이다. 그런 까닭에 말을 꾸미고 아름답게 보이려고 한다. 그러한 말에는 믿음이 없으며 믿음이 없는 말은 하지 않는 것보다 못하다. 지혜와 덕이 뛰어나고 우러러 본받을 만한 사람의 말은 늘 믿음직하고 착함이 있다. 그런 사람의 말은 상대를 변화시키고 감동을 준다.

8

글은 말을 다할 수 없고
말은 뜻을 다할 수 없다

- 고인지조백이(古人之糟魄已) : 장자(莊子)

古 : 옛 고,　**人** : 사람 인,　**之** : 어조사 지,　**糟** : 지게미(찌꺼기) 조
魄 : 넋(혼) 백,　**已** : 뿐(따름) 이

장자莊子는 허황된 인식이나 이론으로 사물을 분별하고 판단하는 것을 좋아하지 않는다. 그가 애써 챙기는 것은 자연 그대로 있는 것이나 그것을 바탕으로 체험하고 얻어지는 것들이다. 도가道家 사상가들은 가장 중요한 고갱이와 본체는 말이나 글로 표현하거나 규정지을 수 없다고 누누이 강조한다. 그런데도 사람들은 그런 중요하고 핵심적인 것들을 글이나 말을 통하여 듣고 배우려 한다. 장자는 이를 못마땅하게 생각하고 이렇게 주장한다.

"말로는 깊고 추상적인 생각이나 모습을 적확하게 표현하거나 옮길 수 없다. 말보다 중요하고 귀한 것이 뜻이다. 뜻을 전하기 위해 사람들은 글을 쓰고 말을 한다. 하지만 글과 말로는 그 안에 들어 있는 참뜻을 나타내거나 전할 수 없다."

그것을 핵심적으로 말하고자 '고인지조백이古人之糟魄已'란 예를 든다. 여기서 조백糟魄은 조박糟粕과 같은 뜻이다. 여기서 '조박'은 '학문 등에서 옛사람이 다 밝혀서 지금은 새로운 의의나 의미가 없는 허섭스레기 같은 것'을 말한다. 장자 천도天道 편을 따라가 보자.

제齊나라 환공桓公이 대청 위에서 글을 읽고 있을 때 수레輪를 깎는 사람인 편扁이 뜰 아래서 수레를 깎고 있었다. 그가 망치와 끌을 풀어 놔두고 대청으로 올라와 환공에게 물었다.

"임금님께서 읽고 계신 것에 무슨 말이 씌어 있는지 감히 주제넘게 여쭙고 싶습니다."

환공이 말했다.

"성인의 말씀이니라."

"그렇다면 그 성인은 살아 계십니까?"

"이미 돌아가신 분이니라."

"그렇다면 임금께서 읽고 계신 것은 술을 거르고 남은 지게미같이 옛사람이 남긴 찌꺼기가 되겠습니다."

환공이 말했다.

"과인이 책을 읽는데 수레바퀴나 깎는 너 같은 녀석이 어찌 무슨 참견을 하고 책을 잡느냐? 네가 올바르고 도리에 꼭 맞는 변명이나 근거를 내놓으면 좋으나 그렇지 않으면 네 녀석은 바로 죽을 것이다."

수레바퀴를 깎는 장인匠人 편이 말했다.

"제가 하는 일의 경험과 관점에 비추어 말씀드리겠습니다. 수레바퀴를 깎을 때 엉성하고 빈틈이 많고 느슨하면 헐렁해져서 꼭 맞지 않습니다. 또 꼭 끼이게 깎으면 빡빡해서 들어가지 않습니다. 느슨하지도 빡빡하지도 않게 깎는 것은 손의 느낌이 마음의 부름에 따라 하는 것입니다. 이는 말로 표현하거나 설명할 수 없습니다. 거기에는 어떤 방법이 있기는 합니다. 하지만 그것을 제가 아들에게 가르쳐 줄 수 없고 제 아들도 그것을 제게 배울 수 없습니다. 그런 까닭에 제 나이 일흔이 되도록 이렇게 수레바퀴를 깎고 있습니다. 그 옛날 훌륭한 사람들도 그가 깨달은 정신과 말을 전할 수 없었고 그들이 깨달은 정신과 의미, 말도 그들과 함께 죽고 없어졌습니다. 그런 까닭에 지금 임금님께서 읽고 계신 것도 술을 거르고 남은 지게미 같은 옛사람들의 찌꺼기일 뿐입니다."

우리는 어떤 일에 대해 조금만 알 때 빙산의 일각이라 한다. 빙산은 보통 그 질량의 1/7만 수면 위로 보이고 나머지는 바닷속에 있다. 보이는 것은 극히 일부다. 영국의 호화 여객선 타이타닉호는 1912년 4월 14일 밤 11시 40분 뉴펀들랜드 해역에서 떠다니는 빙산氷山과 충돌하여 2시간 40분 만에 침몰했다. 세계 최대의 해난사고였다. 타이타닉호가 그 빙산의 전체와 규모를 알았다면 그런 참사를 면했을 것이다.

이렇듯 눈에 보이는 것이 다가 아니다. 우리가 보고 느끼고 맛보고 만지는 것은 빙산의 일각이고 찌꺼기인지도 모른다. 중요한 것은 눈에 보이지 않는다. 오직 마음과 마음으로 전할 뿐이다. 하지만 세상 사람들은 앞서 간 사람들이 남긴 말이나 글을 금과옥조金科玉條로 생각하고 거기에 충실하고자 한다. 장자는 그러한 행태가 결코 바람직하지 않다고 지적한다. 수레바퀴를 깎는 장인 편의 이야기를 통해 '진짜로 소중하고 귀한 것은 말이나 글로 표현하거나 전할 수 없다'라는 것을 말하고 있다. 밖으로 보이는 모양이나 빛깔, 소리로는 본질을 파악하거나 보고 들을 수 없으며 오직 마음으로만 체득할 수 있다는 가르침이다. 껍데기는 가라!

9

자신을 이기는 것이
가장 강한 것이다

– 자승자강(自勝者强) : 노자(老子)

自 : 스스로 자,　勝 : 이길 승,　者 : 사람 자,　强 : 강할 강

사람들은 너나없이 오직 자신의 욕망을 채우기 위해 달려가며 좀처럼 스스로 만족할 줄 모른다. 남과 견주어 더 높고 더 좋고 더 많은 것을 탐할 뿐이다. 날마다 사는 게 너무 치열해서 그럴 수도 있지만 마음속에 너무 많은 것이 차 있거나 여러 가지에 마음을 뺏기면 어느 것 하나 제대로 챙길 수 없다. 삶은 격투기가 아니다. 상대를 쓰러뜨리지 않으면 내가 죽는 게임은 더더욱 아니다. 삶을 격투기로 인정하는 순간 고통이 따르며 그 고통은 결국 남과 나를 파국으로 이끈다. 자신을 돌아보라. 모든 것은 내 안에 있으므로 밖으로만 주던 눈길을 거두고 그 눈길을 자신에게 돌려라. 이럴 때 떠오르는 말이 '자승자강自勝者强'이다. 이것은 '자신을 이기고 다스리는 사람이 진정으로 강한 사람'이라는 뜻이다. 노자老子 제33장 변덕辯德에 나온다.

"다른 사람을 아는 것을 지혜智慧라고 하고 스스로를 아는 것을 총명聰明이라고 한다. 다른 사람을 이기는 것을 힘이 있다고 하고 자신을 이기는 것을 강하다고 한다. 스스로 만족할 줄 아는 사람이 부자다. 도道에 따라 실제로 행하려고 부지런히 힘쓰는 것은 뜻이 있다고 할 수 있다. 자신의 본분과 위치를 잃지 않으면 오래도록 누릴 수 있고 죽어도 올바른 도를 잃지 않는 사람은 죽지 않고 오래 살 수 있다."

노자는 제16장 귀근歸根에서도 총명에 대해 이야기한다.

"세상 만물이 다 같이 무성하게 자라고 있지만 마침내는 모두 다 자기의 뿌리, 그 근원인 무無와 허虛로 돌아간다. 이처럼 근원으로 돌아가는 것을 고요함이라 한다. 고요함이란 천성과 본성으로 돌아가는 것이다. 천성과 본성으로 돌아간다는 것은 늘 무에서 유有로 유에서 무로 돌아가는 변하지 않는 법칙을 말한다. 이러한 불변의 법칙을 아는 것을 총명이라 한다."

노자는 지혜와 총명을 명쾌하게 구별하여 말한다. 지혜는 다른 사람을 아는 것이자 다른 사람의 옳고 그름, 선함과 악함, 장단점을 가늠하는 것이다. 그런데 이것은 우리가 사는 세상의 잣대고 기준이다. 욕심과 이기심, 다른 사람과 싸워 이기는 것은 세상살이에서 사람들이 저지르는 속된 것이다. 그래서 노자는 지혜를 싫어한다. 그에 비해 총명은 자신을 알며 스스로를 돌아보고 만족하는 것이다. 이는 세상 만물이 낳고 자라고 스러지듯 저마다 자신의 뿌리^{근원}로 되돌아가는 것이다. 자신의 욕심을 채우지 않고 어떤 사물이나 현상에도 흔들리지 않는 마음이다. 모든 것을 감싸기에 너그럽고 크며 감싸고 너그럽기에 공평하여 사사로움이 없다. 따라서 총명은 참된 지혜라 할 수 있다. 노자는 또 이렇게 이야기한다.

"다른 사람을 이기는 것은 진정한 힘이 아니다. 그것은 세속적이다. 자신의 이익과 욕심을 채우기 위한 한낱 수단과 방법에 불과하다. 인간의 욕심은 무한하다. 가진 자들은 더 가지려고 기를 쓴다. 그들의 람욕은 끝이 없다. 그들은 늘 배고프다. 그들의 몸과 마음은 가난하다. 만족할 줄 모르면 가난한 사람이다."

자신을 이긴다는 것은 무엇인가? 이는 자신의 이익과 욕심을 털어 내고 어떤 유혹에도 흔들리지 않으며 눈에 보이는 쓸데없는 바깥일에 마음을 주지 않는 것이다. 또한 자신을 깊이 들여다보고 다스리는 것이다. 자신을 돌아보고 만족할 줄 아는 사람이 자신을 이기는 사람이며 자신을 이기는 사람이 진정으로 강한 사람이다. 진정으로 강한 사람이 되기 위해 자신의 마음을 돌아보고 살피며 스스로 만족하라.

10

그대로 그냥
그렇게 두어라

- 학경수장 단지즉비(鶴脛雖長 斷之則悲) : 장자(莊子)

鶴 : 학(두루미) 학,　脛 : 정강이 경,　雖 : 비록(…하더라도) 수
長 : 길 장,　斷 : 자를(끊을) 단,　之 : 어조사 지,　則 : 곧(법칙) 즉
悲 : 슬플 비

우리는 사람이나 사물, 사안들에 대해 이런저런 간섭을 많이 한다. 하지만 그런 간섭과 지적은 대부분 자신의 기준이거나 잣대일 뿐이다. 지극히 주관적인 기준과 잣대를 객관적인 것인 양 상황이나 사람, 사안에 맞추는 것이다. 그것은 위험천만危險千萬한 일이다. 당사자는 모든 것을 자연스럽게 받아들이고 불편해하지 않는데 곁에서 바라보는 사람이 더 안달한다. 그러

한 간섭이나 행태는 본성을 거스르는 일이다. 사람이나 물건에는 각기 다른 면이 있고 적절한 측면이 있다. 그것을 어느 한쪽의 기준과 잣대를 바탕으로 손익을 계산하고 재단해서는 안 된다. 이에 참고가 될 만한 이야기가 '학경수장 단지즉비鶴脛雖長 斷之則悲'다. '학의 다리가 비록 길어도 잘라 주면 슬퍼한다'라는 이야기다. 장자莊子 제8편 변무騈拇에 나온다.

"엄지발가락이 둘째 발가락과 붙어 있는 변무나 손가락이 여섯 개인 육손이는 태어나면서부터 그런 것이다. 그러나 그것을 정상적인 인간의 입장에서 살펴보면 군더더기다. 인간 본연의 자세로 자기 삶을 긍정하며 살아가는 사람은 그의 본성과 진실함을 잃지 않는다. 그런 까닭에 합쳐져 있더라도 네 발가락이라 의식하지 않고 갈라져 있다 하더라도 육손이라고 의식하지 않는다. 길어도 길다 여기지 않고 짧아도 짧다 여기지 않는다. 이런 까닭에 오리의 다리가 비록 짧아도 이어 주면 걱정한다. 학의 다리가 비록 길어도 잘라 주면 슬퍼한다. 그러므로 천성이나 본성은 길어도 자를 것이 아니고 짧아도 이을 것이 아니다. 그렇게 해 준다 해도 근심, 걱정을 없앨 수는 없다. 붙어 있는 발가락도 그것을 떼어 주면 그 사람은 울 것이다. 육손이인 사람도 그것을 잘라 주면 울 것이다. 이 두 가지는 하나는 개수가 더 있고

197

다른 하나는 개수가 모자란다. 그러나 그들이 걱정하는 것은 한결같다.

지금 세상의 어진 사람들은 바르게 눈을 뜨고 바라보며 세상의 근심과 재앙을 걱정한다. 어질지 않은 사람들은 타고난 본성과 진실한 모습을 버리고 재산이 많고 지위가 높은 것만 차지하고 싶어 한다. 그런 까닭에 어짊과 의로움은 그 사람의 진실한 모습이 아니다. 갈고리와 먹줄, 동그라미를 그리는 쇠와 굽은 자를 써서 바로잡는다는 것은 본디부터 나무가 가지고 있는 성질을 깎아 버리는 것이다. 새끼와 끈, 아교, 칠을 가지고 단단하게 하는 것은 본래의 덕을 해치고 버리게 하는 것이다. 예법과 음악에 무릎 꿇리고 어짊과 의로움으로 어르고 달래 따르게 하여 천하의 마음을 읽고 위로하려는 것도 본연의 모습을 잃게 하는 것이다. 천하에는 변하지 않는 본성이 있다. 굽은 것은 굽은 자 때문에 그런 것이 아니다. 곧은 것도 먹줄 때문에 그렇게 된 것이 아니다. 둥근 것도 동그라미 그리는 쇠 때문이 아니다. 모난 것도 굽은 자 때문이 아니다. 붙은 것도 아교나 칠 때문이 아니다. 묶인 것도 새끼줄 때문이 아니다. 그러므로 세상 만물은 다 개성을 달리하여 태어났지만 그렇게 생겨난 까닭을 알지 못한다. 그런 것은 예로부터 지금까지 한결같다. 따라서 사람의 힘으로 다치게 하거나 헝클어지게 할 수 없다. 다시 말해 사람이 어찌할 수 없다."

'타고난 성품과 개성을 인정하고 그 진실함에 맡겨 두면 된다'
라는 것이 장자의 가르침이다. 애써 간섭하거나 바로잡으려 하지
마라. 세상 모든 만물은 다 다르기 때문에 서로 조화를 이루며 살
아간다. 본래 지닌 모습과 개성을 존중하고 차분히 지켜보며 간섭
하지 마라. 이는 자신의 입장에서 유리함과 불리함을 따지지 말라
는 것이다. 옳고 그름도 마찬가지다. 따라서 어짊과 의로움도 기준
이 아니며 그것 또한 천성天性이나 본연本然이 아니다. 절대적인 기
준은 존재할 수 없을뿐더러 혹여 그런 게 있다 하더라도 그것은
고집이고 개인의 기준이다. 하여, 그냥 그렇게 그대로 놔둬라.

11

방법은 다르지만
이르는 곳은 같다

- 수도동귀(殊途同歸) : 주역(周易)

殊 : 다를 수, 道 : 길 도, 同 : 같을 동, 歸 : 돌아갈 귀

사람들은 다름을 인정하는 데 인색하다. 자신과 뜻이나 생각이 같지 않으면 매도하고 배척한다. 정치인, 고위 공직자, 기업가, 언론인, 시민 단체 등 모든 분야에 그러한 행태가 널리 퍼져 있다. 모든 갈등과 혼란은 보통 서로 다름을 인정하지 않는 데서 비롯된다. 그것은 불행의 시작이다. 생각과 의견이 나와 맞지 않으면 그 사람까지 미워한다. 다양성과 다름을 인정하지 않는 사회는 획일화되고 막힌 사회로 열린 사회의 적이다. 열린 사

회의 특징은 다양성과 다름을 인정한다는 점이다. 나의 존재는 상대를 인정할 때 확인할 수 있다. 단지 서로 다를 뿐 틀린 것은 아니다. 다름과 차이를 인정하지 않는 사람들이 새길 말이 '수도동귀殊道同歸'다. '가는 길은 다르지만 마지막에 다다르는 곳은 같다'라는 뜻이다. 주역周易 계사繫辭 하전에 나온다.

역易 : 함괘, 효사(九四)에서 말하기를,

"뜻과 마음이 정해지지 않아 이리저리 왔다 갔다, 오락가락 하면 오직 벗만이 그대의 생각을 따른다."
라고 했다. 이에 공자가 말했다.

"천하가 어찌 복잡하게 생각하고 무엇을 마음 써 걱정하고 걱정하리오. 하늘 아래 온 세상이 돌아가는 곳은 같지만 길이 다를 뿐이다. 결국 한곳에 다다르지만 생각이 여러 가지니 온 세상이 무엇을 생각하고 걱정하고 염려하리오. 해가 지면 달이 뜬다. 달이 지면 해가 뜬다. 해와 달이 서로 변화하여 밝음을 만든다. 추운 겨울이 가면 더운 여름이 온다. 여름이 지나면 겨울이 온다. 이렇듯 해와 달, 추위와 더위가 서로 뒤바뀌어 한 해가 이루어진다. 가는 것은 사라지는 것이 아니다. 몸을 구부려 힘을 모으는 것이다. 다가오는 것은 몸을 펴서 힘을 내는 것이다. 가는 것과 오는 것, 굽히는 것과 펴는 것이 서로 느끼

고 바뀌어 돈다. 이에 따라 하늘과 땅은 순조롭게 운행되고 그 이로움
이 생긴다."

　세상의 모든 일을 살펴보면 최종 목적지는 같다. 단지 가는 길
이나 방법이 다를 뿐이다. 귀결되는 이치는 하나인데 거기에 이르
는 방법과 길이 여러 갈래라는 것이다. 최종 목적지가 같으므로
서로 가는 길이나 방법을 인정해야 갈등과 분열이 생기지 않는다.
다름을 인정하고 서로의 노하우와 방법을 존중하면서 상생의 길
을 찾아야 한다. 그런 까닭에 쓸데없는 생각으로 괴로워할 필요가
없다. 돌아갈 곳이 모두 같기에 괴롭게 생각하지 않아도 결국에는
한곳으로 간다. 해가 지면 달이 뜨고 여름 가면 겨울 오는 것과 같
은 이치다.
　다름과 차이를 인정하라. 상생하는 길, 함께하는 방법을 찾아야
한다. 모든 시냇물과 강물은 바다로 흘러간다. 가는 길이 서로 다
르더라도 결국 이르는 곳은 다 같다. 번잡하고 괴롭게 생각 마라.
이것저것 재다 보면 따르는 사람이 없어진다. 지혜나 생각이 얕고
말과 행동이 거칠고 편을 가르는 데 익숙하면 따르는 사람이 적
다. 역지사지易地思之하라. 넓게 생각하고 두루 살펴 모두를 품어라.
그래야 지혜로운 사람이다.

12

부드러움이
강함을 이긴다

- 유약승강강(柔弱勝剛强) : 노자(老子)

柔 : 부드러울 유,　弱 : 약할 약,　勝 : 이길 승,　剛 : 굳셀(강할) 강
强 : 굳셀 강

사람들은 대부분 강하고 힘센 것을 좋아한다. 부드럽고 여린 것은 마뜩잖아 한다. 그러기에 영상 광고나 인쇄 매체 할 것 없이 이런 문구들이 많이 등장한다.

"강하고 굳센 것, 빠르고 힘찬 것이 이긴다!"

"빠르고 강하다. 무한 속도감을 즐겨라!"

공공 조직은 물론 대부분의 기업들도 그런 슬로건slogan을 내세운다. 삶이 팍팍하고 힘든 시대에 '오직 강한 자만이 살아남는다'

라는 캐치프레이즈catchphrase가 사람들의 눈길을 붙잡는 것은 자명하다. 하지만 이것은 오래된 고정 관념이다. 일견 맞는 말이기도 하지만 절대적인 것은 아니다. 세상을 살면서 만나고 느껴 보면 오히려 그 반대인 경우가 훨씬 많다. 예로부터 지혜로운 사람들은 '부드럽고 약한 것이 강한 것을 이길 수 있다'라고 했다. 대표적인 사람이 노자老子다. 노자 제43장 편용偏用 편, 제76장 계강戒强 편, 제78장 임신任信 편에 그런 이야기들이 나온다. 먼저 노자 제43장 편용 편을 살펴보자.

"세상에서 가장 부드러운 것은 물이다. 물은 세상에서 가장 강하고 굳센 쇠붙이와 돌도 마음대로 부릴 수 있고 제멋대로 할 수 있다. 생김새나 모양이 없는 물은 틈이 없는 단단한 쇠붙이와 돌 속으로도 파고 들어갈 수 있다."

바닷가나 강가의 조약돌을 보라. 그것은 단단하고 강하다. 하지만 물은 부드럽고 한없이 약하다. 그 부드러움으로 빛나는 조약돌을 만든 것이 물이다. 물은 쇠를 녹이고 돌을 어루만지고 뚫어 버린다. 부드러움의 놀라운 힘이다. 형태가 없는 물은 단단하고 강한 쇠와 돌의 틈을 비집고 들어간다. 물은 부드럽고 약하고 늘 겸손하게 맨 아래에 자리하지만 세상 만물을 이롭게 하여 모두를 빛나게 한다. 그런 물은 틈이 없이 단단하고 강한 쇠와 돌 속으로 들어가 마지막에는 그들을 녹이고 다듬고 변형시킨다. 노자 제76장 계강 편에는 다음과 같이 적혀 있다.

"굳세고 단단한 것은 죽음의 무리다. 부드럽고 약한 것은 삶의 무리다. 이런 까닭에 무력이 너무 강하면 이내 이기지 못하고 나무도 강하고 억세면 마침내 잘리고 만다. 굳세고 단단하고 큰 것은 마지막에는 아래로 내려가고 부드럽고 약한 것이 위쪽에 자리하게 된다."

노자는 이런 것들을 예를 들어 설명한다.

"나무들을 보라. 새봄 갓 솟아난 새싹들은 한없이 부드럽고 찬란하다. 하지만 겨울나무는 어떤가? 단단하고 칙칙하여 부러지기 쉽다. 사람은 또 어떤가? 갓난아기는 한없이 부드럽고 환하고 아름답다. 늙은이는 딱딱하고 거칠고 볼품없다. 새싹과 갓난아기는 생명의 드러남을, 겨울나무와 늙은이는 죽음이 가까이 왔음을 나타낸다. 생명으로 충만하고 빛나는 것들은 한없이 약하고 부드럽다."

다시 노자 제78장 임신 편을 따라가 보자.

"세상에서 물보다 부드럽고 약한 것은 없다. 그러나 굳세고 단단하고 강한 것을 공격하는 데에 물보다 더 뛰어난 것은 없다. 그 이유는 그 누구도 그 무엇도 물의 본성을 바꿀 수 없기 때문이다. 약한 것이 억세고 강한 것을 이긴다. 부드러운 것이 굳세고 단단한 것을 이긴다. 세상에 이것을 알지 못하는 사람은 없다. 하지만 그것을 능히 쉽게 실천하고 행하는 사람은 없다."

참으로 대단한 분석이고 진단이다. 2천 5백여 년 전에 벌써 이런 이야기를 할 수 있는 노자의 혜안과 지혜가 놀랍다. 한없이 약한 것이 굳센 것을 이기고 지극히 부드러운 것이 단단한 것을 이긴다. 하지만 우리는 평소에 이런 사실을 잊고 산다. 부드럽고 약한 것이 굳세고 강한 것을 이긴다는 것은 거역하거나 변할 수 없는 사실이고 법칙이다. 모진 비바람이 불면 커다란 나무들은 여지없이 부러지고 넘어지지만 갈대나 들풀은 그렇지 않다. 사람도 그렇다. 매사 너무 강하면 꺾일 가능성이 많고 상대를 설득할 수 없다. 아주 연약한 여인이 세상을 호령하는 영웅호걸을 낳고 기른다. 강하고 굳센 남자들도 물처럼 순하고 부드러운 여인에게 봄눈 녹듯 무장 해제를 당하기도 한다. 이는 부드러움의 놀라운 힘이다.
지극히 부드럽고 약한 것이 가장 위대하고 강하다.

13
천지는
무정한 존재다

- 천지불인(天地不仁) : 노자(老子)

天 : 하늘 천, 地 : 땅 지, 不 : 아닐 불, 仁 : 어질 인

인仁은 흔히 '어질다, 자애롭다, 사랑하다, 친하다, 불쌍히 여기다'로 해석된다. 국어사전은 인을 '남을 사랑하고 어질게 행동하는 일'로 풀이하고 있다. 이것은 유가儒家인 공자가 주장한 유교의 도덕 또는 정치 이념이다. 물론 공자도 인에 대한 개념을 정리하거나 제시하지 않았다. 하지만 인은 모든 덕의 바탕이고 이를 널리 퍼뜨리고 실천하면 우리가 바라는 이상적인 상태에 이를 수 있다고 말한다. 이 인의 가치 가운데 유가에서 가장 강조하는 것이 사랑이다. 사랑이 퍼지는 대상에 따라 효孝가 되기도 하고 우애友愛가 되기도 하며 충忠이 되기도 하고 은혜恩惠가 되기도 한다. 하지만 노자老子는 인을 전혀 다르게 해석한다. 유가에서 말하는 인을 대단히 작위적作爲的이고 인위적人爲的인 행동이라 본다. 하여, 노자는 유가의 인을 매우 사적私的인 정情, 사랑에 치우치는 것이라 판단하고 불인不仁이야말로 사적인 정에 매몰되지 않는 매우 크고 공평한 것이라 본다. 이런 개념이 대공무사大公無私다. 노자 제5장 허용虛用 편에 나온다.

"하늘과 땅天地은 어질지 않다. 따뜻한 마음과 인정이 없는 쌀쌀맞은 존재다. 나아가 애써 의식적으로 사랑과 어짊을 베풀지도 않는다. 모든 세상 만물을 아무런 소용이 없는 짚으로 만든 개처럼 여긴다."

이것은 무슨 말인가? 하늘과 땅은 매우 크게 공평하고 사심이 없기 때문에大公無私 일체 만물을 하나로 본다는 의미다. 그런 까닭에 세상 만물을 하잘것없는 '제사 지낼 때 쓰고 나면 버리는 짚으로 만든 개'처럼 여긴다. 특별히 사랑하거나 좋아하지 않고 특별히 미워하거나 챙기지 않는다. 세상 만물이 본래 타고난 성격이나 성품대로 자라고 움직이게 놔둔다. 의식적으로 어떤 일을 꾸며 만들거나 가르치고 이끌지 않는다. 애써 은혜를 베풀지도 않는다. 세상 만물이 제멋대로 낳고 자라고 죽는 것을 알아서 하도록 한다. 스스로 낳게 하고 스스로 없어지게 내버려 둔다. 어짊과 사랑 또한 베풀지 않는다. 단지 그냥 그렇게 흘러가는 대로 놔둔다. 이것이 바로 하늘과 땅이 따뜻한 마음과 인정이 없고無情 쌀쌀맞은 이유다.

하늘과 땅은 인위적인 조작과 간섭을 멀리한다. 이것이 바로 어질지 않은 것, 불인이다. 하늘과 땅은 자신을 내세우거나 뽐내지 않고 만물이 제멋대로 알아서 흘러가도록 그대로 둔다. 너그러운 마음으로 남의 말이나 행동을 받아들일 뿐이다. 사랑하다, 미워하다, 좋다, 싫다, 옳다, 그르다, 맞다, 틀리다 등 온갖 개인적인 판단과 가치를 버린다. 오직 그렇게 흘러가길 바랄 뿐이다. 이것이 하늘과 땅이 어질지 않은不仁 까닭이다.

"자연의 도를 몸소 체험하여 알고 깨우친 성인 또한 어질지 않고 무정하고 모질다. 백성을 짚으로 만든 개처럼 하찮게 여기고 어떤 사랑도 간섭도 하지 않고 그대로 내버려 둔다."

성인聖人은 억지로 무엇을 하지 않고 순수하게 자연의 순리에 따르는 삶을 사는 도道를 터득한 사람이다. 그러한 사람은 세상 사람들이 지니고 베푸는 일체의 감정을 넘어선다. 즉, 세상 사람들의 감정에 연연하거나 휘둘리지 않는다. 그런 사람은 늘 마음이 텅 비어 있고 어떤 것을 고집하거나 특정한 것에 집착하지 않는다. 그는 모든 것을 그저 차분하고 편안하게 대할 뿐이며 타고난 성질과 성품에 맡겨 두고 사람들에게 아무런 간섭을 하지 않는다. 그냥 그대로 자연스럽게 놔둘 뿐이며 마음을 텅 비우고 모든 것을 초월해 무정無情하게 행동한다. 그러기에 '백성을 제사 지낼 때 쓰고 나면 버리는 짚으로 만든 개처럼 하잘것없는 존재'로 여긴다.

그는 또 무정하고 무자비한 존재다. 사사로운 인정이나 감정에 이끌려 사람들에게 베풀지 않고 특별히 사랑하거나 벌주지 않는다. 사람들이 스스로 알아서 행동하게 내버려 둔다. 그래서 성인 또한 어질지 않다고 한다. 이런 까닭에 노자에게 있어 어질지 않음이란 세상 만물에 대한 관심이나 미워함, 사랑이나 치우침, 시기猜忌 등 모든 것을 넘어선다. 또한 모든 인간적인 삶과 방식, 행위에 흔들리지 않는 존재이기도 하다.

14

문에 기대어
너를 기다린다

- 의문의려(倚門倚閭) : 전국책(戰國策), 십팔사략(十八史略)

倚 : 기댈 의, 門 : 문 문, 倚 : 기댈 의, 閭 : 이문(里門) 려

아낌없이 주는 나무처럼 주지 못해 안타까워하는 사람이 있다. 바로 어버이다. 그들은 더 많은 것, 더 좋은 것 그리고 가진 것 모두를 자식에게 준다. 부모는 늘 걱정과 안쓰러움, 미안함으로 자식을 바라본다. 자식을 위해서라면 천 길 낭떠러지나 뜨거운 불길도 마다하지 않는다. 그것이 부모의 마음이다. 자신이 아무리 힘들고 고달프더라도 자식의 일이라면 어떠한 고난과 수고일지라도 가벼이 여긴다. 이런 부모의 마음과 그 마음을 읽고

행동하는 자식의 이야기가 '의문의려倚門倚閭'다. '문에 기대어 너를 기다린다'라는 뜻으로 자식을 사랑하고 걱정하는 마음이 고스란히 담겨 있는 말이다. 전국책戰國策 제책齊策 편과 십팔사략十八史略 등에 나온다.

왕손가王孫賈는 노나라의 대부大夫였다. 일찍이 아버지를 여의고 어머니 손에서 자랐다. 열다섯 나이에 제齊나라 민왕閔王을 섬겼다. 그의 어머니는 자식을 매우 사랑했다. 그즈음 연燕나라가 제나라를 공격해 왔다. 제나라는 상자向子를 장군으로 삼아 맞서게 했다. 하지만 그는 제나라 군대에 져 겨우 수레 하나에 의지해 도망치고 말았다. 그러자 달자達子라는 사람이 남은 병사들을 모아 연나라와 싸웠다. 그러면서 그는 제나라 민왕에게 적절한 보상을 해 달라고 했다. 민왕이 들어주지 않자 달자의 군대도 싸움에 져 도망쳤다. 할 수 없이 민왕도 거읍莒邑 성으로 피하여 몸을 숨겼다. 제나라가 극도로 혼란한 틈을 타 초楚나라 왕이 제나라를 집어삼키려고 초나라 장군 요치淖齒를 보냈다. 초나라 장군 요치가 민왕에게 따져 물었다.

"천승 지역과 박창 지역 사이 수백 리 땅에 피비가 내려 옷을 적시고 있다. 왕은 알고 있는가?"

왕이 말했다.

“알지 못한다.”

요치가 다시 물었다.

“영과 박 땅 사이에 땅이 터지고 갈라지며 샘물이 솟구치고 있는데 알고 있는가?”

왕이 말했다.

“알지 못한다.”

요치가 물었다.

“어떤 사람이 대궐문 앞에서 크게 소리 내어 슬피 울고 있었다. 그런데 찾아가면 보이지 않고 돌아보지 않으면 그 소리가 들리고 있는데 알고 있는가?”

왕이 역시,

“모른다.”

라고 했다. 그러자 요치가 말했다.

“하늘에서 비 오듯이 피가 내리는 것은 하늘이 조심하라고 가르치는 것이다. 땅이 찢어지고 샘이 솟구치는 것은 땅이 조심하라고 알리는 것이다. 대궐문 앞에서 크게 우는 사람이 있는 것은 사람들이 조심하라고 알리는 것이다. 하늘과 땅, 사람 모두가 조심하고 주의하라고 알리고 있는데 그 사실을 왕만 모르고 있다. 그러니 어찌 죄를 묻고 꾸짖어 벌을 주지 않겠는가?”

그런 다음 제나라 민왕을 고리鼓里에서 죽였다. 한편 왕손가는 자신이 모시던 제나라 민왕이 어디로 갔는지 알지 못했다. 왕을 수행하지 못한 것은 당연한 일이었다. 그래서 그냥 집으로 돌아왔다. 그러자 그의 어머니가 말했다.

"네가 아침 일찍 출근하여 저녁 늦게서야 돌아올 때면 나는 문 앞에서 너를 기다렸다. 네가 저녁 때 나가 늦게까지 돌아오지 않으면 나는 동구 밖까지 나가 네가 오기를 초조한 마음으로 기다렸다. 너는 지금 왕을 받들며 섬기고 있다. 지금 너의 왕은 밖에서 위험을 피하여 몸을 숨겼다. 그런데 너는 왕이 어디에 있는지도 모르고 있다. 상황이 이럴진대 너는 어찌 그리 마음 편하게 집으로 돌아올 수 있느냐?"

공손가 어머니의 이야기를 정리하면 '한갓 부모도 온갖 힘을 다해 정성껏 자식을 기다린다. 하물며 신하 된 사람이 온 백성의 어버이인 임금을 돌보지 않는다는 게 말이 되느냐? 그리고 임금이 어디 있는 줄도 모르는 위급한 상황인데도 신하된 자가 마음 편히 어찌 집으로 돌아올 수 있느냐?'라는 꾸짖음과 비난이었다.

왕손가는 이 말을 듣자 크게 반성했다. 그리고 시내 한복판으로 가서 소리쳤다.

"초나라 장군 요치가 제나라에 와서 반란을 일으켜 우리의 임금인 민왕을 죽였다. 나와 함께 죄를 물어 요치를 죽이려는 사람은 오른쪽 어깨를 벗어라!"

이 말에 감동을 받아 그곳에 있던 사람들 가운데 왕손가를 따르는 자가 4백여 명이나 되었다. 그들은 힘을 모아 쳐들어갔다. 그리고 요치를 찔러 죽였다.

우리가 부모의 마음을 온전히 알 수 있을까? 알 수 없으리라 단언한다. 설사 안다 하더라도 그것은 참으로 작은 부분일 것이다. 부모는 우리들의 원점原點이자 영원한 마음의 고향이며 어릴 적 타고 놀던 동구 밖의 느티나무다. 뿐만 아니라 지치고 어렵고 힘들 때 힘과 용기, 희망을 주는 우리들의 등대, 영원한 멘토mentor다.

중요한것은
말로 표현할 수 없다

– 득어망전(得魚忘筌) : 장자(莊子)

得 : 얻을 득, 魚 : 고기 어, 忘 : 잊을 망, 筌 : 통발 전

중·고등학교 때 배웠던 것 가운데 '염화시중拈華示衆'이란 말이 있다. '석가모니가 설법을 할 때 연꽃을 들어 사람들에게 보여 줬는데 아무도 그 뜻을 몰랐다. 오직 제자인 가섭迦葉만이 그 뜻을 깨닫고 미소를 지었다'라는 이야기에서 유래한다. 이는 '중요한 것은 글이나 말로 나타내거나 전할 수 있는 것이 아니며 마음에서 마음으로 전해지고 이어진다'라는 가르침이다. 우리에게 들리는 말 가운데 마음을 전하는 그 무엇은 얼마 되지 않는다. 그것은 고갱이와 본연의 모습을 담지 않았기 때문이다. 말이나 글은 수단이나 도구일 뿐 본질이나 핵심이 아니다.

　장자莊子도 같은 이야기를 하고 있다. '득어망전得魚忘筌'이 바로 그것이다. '근본이나 본질에 관계없는 사소함이나 수단에 신경 쓰지 마라'라는 뜻이다. 이는 장자 외물外物 편에 나온다. 노장 사상에서 성인聖人은 지극히 공평하고 사사로움이 없는 사람이다. 그는 사사로움이나 이익 등을 뛰어넘어 자연의 본성과 하나가 된 사람이다. 그는 세상 만물을 그대로 두고 다른 그 무엇에도 피해를 주지 않는다. 성인은 억지로 무엇을 하지 않고 순수하게 자연의 순리에 따르는 삶을 산다.

"성인은 현명한 사람賢人이 세상을 소란스럽고 놀라게 하여 바로잡으려 한 까닭과 이유를 묻지 않는다. 현명한 사람은 군자가 나라를 소란스럽고 놀라게 하여 바로잡으려는 까닭을 물은 적이 없다. 군자는 소인들이 세상의 형편에 아부하고 좇아가는 것에 눈길도 주지 않고 묻지도 않는다. 요堯 임금이 허유許由에게 천하를 물려주려고 하자 허유는 도망쳤다. 탕湯 임금이 천하를 무광務光에게 물려주려 하자 무광은 크게 화를 냈다. 이 이야기를 들은 기타紀他는 자기에게 차례가 올까 두려워 제자들을 데리고 관수款水 지역으로 도망가 살았다.

통발은 물고기를 잡는 도구인데 물고기를 잡고 나면 사람들은 그 통발을 잊게 된다. 토끼 올무는 토끼를 잡는 데 쓰는 도구인데 토끼를 잡고 나면 사람들은 그 올무를 잊고 만다. 이렇듯 말이란 사람의 생각과 뜻을 다른 사람에게 전달하는 것이지만 그 뜻을 얻어 나타내고 나면 도구인 말을 잊어버리게 된다. 나는 어찌하면 말을 잊은 사람과 더불어 이야기할 수 있을까?”

세상의 보통 사람들은 옳고 그름, 선하고 악함 등 현실적인 이해관계에 집착한다. 하지만 억지로 무엇을 하지 않고 순수하게 자연의 순리에 따르는 삶을 사는 사람들은 이러한 사소한 것들에 신경 쓰지 않는다. 누가 어디서 무엇을 어떻게 하든 말든 전혀 관심 갖거나 묻지 않는다. 그저 유유자적하게 살 뿐이다. 그들은 사소한 일에 얽매여 큰일이나 커다란 자유를 잃은 적이 없다. 허유, 무광, 기타가 그러한 사람들인데 절대 자유와 유유자적을 추구하는 이들은 사소한 일에 애당초 관심이 없다.

장자는 ‘득어망전’을 통해 좀 더 자세히 설명한다. 자신의 연구나 학문을 이루고 나면 지금까지 본 책이 별 쓸모가 없다. 목적을 달성하면 그동안 함께했던 사람이나 수단이 그리 필요치 않는 것과 같은 이치다. 말 또한 그렇다. 말은 뜻을 찾아가는 데 필요한 도구다. 말이 본질이 아니라 뜻이 본질이다. 본질을 얻었으면 수단을 버려야 앞으로 나아갈 수 있으므로 뜻을 알고 나면 말도 버려야 한다. 다시 말해 본질과 근원에 도달하면 거기에 도달할 때까지 사용한 모든 도구나 수단을 버려야 한다는 의미다. 이는 '말을 잊은 사람'을 만나기 위해서다. 그렇다면 '말을 잊은 사람'은 누구인가? 그는 세상일이나 자신의 목표와 이득을 좇지 않고 편하게 지내며 말 같은 수단이나 도구에 얽매이지 않고 참된 뜻과 본질을 깨달은 사람이다. 즉, 본질과 근원을 깨달아 말이나 수단, 도구로 설명할 필요가 없는 경지에 이른 사람을 가리킨다. 그에게는 이 세상의 아름답고 추한 것, 선하고 악한 것, 옳고 그른 것 등이 아무런 의미가 없다. 장자는 그런 사람을 만나고 끌어내기 위해 통발이나 덫올가미을 잊어버린다고 전제한 것이다.

 "본질을 알았거든 그 현상을 버려라. 목적을 달성했으면 그 수단 또한 버려라. 세상사 어떤 것에도 사로잡히지 마라. 마음에서 일어나는 여러 욕구에도 초연하라. 모든 명예나 자리, 비웃음, 헐뜯음을 잊고 자연의 순리에 맞게 살아가라."

16

늘 새롭게
거듭나라

- 대인호변 군자표변(大人虎變 君子豹變) : 주역(周易)

大 : 큰 대,　**人** : 사람 인,　**虎** : 범(호랑이) 호,　**變** : 고칠 변
君 : 어른(군자) 군,　**子** : 큰 어른 자,　**豹** : 표범 표

변화와 속도가 세상의 화두가 된 지 오래다. 변화와 속도를 따라잡는 사람이 성공한다. 변화와 개혁을 하지 않으면 개인은 물론 조직이나 기업도 한순간에 뒤처지고 만다. 하지만 변화와 개혁은 그렇게 쉬운 일이 아니다. 뼈를 깎는 고통과 시련, 치밀한 계획과 시행착오 등 많은 시간이 필요한 작업이다. 개혁은 제도나 기구 등을 새롭게 바꾸고 사회 발전과 변화에 맞게 고치는 것이며 그간의 모순과 갈등을 없애고 새롭게 나아가는 것이다. 따

221

라서 변화에 저항하고 반발하는 세력들에게는 고통이 따르게 마련이다. 이들을 잘 마무리하고 조화롭게 끌고 가는 것 또한 중요하다. 개혁改革은 문자 그대로 가죽을 바꾸고 고치는 일이다. 그렇다면 개혁을 누가 할 것인가? 지도자와 그를 따르는 참모들이 해야 한다. 이와 관련된 이야기가 '대인호변 군자표변大人虎變 君子豹變'이다. 주역周易 효사爻辭, 혁괘革卦, 택화혁澤火革에 나온다.

"대인大人이 호랑이처럼 변한다. 군자君子가 표범처럼 변한다. 소인小人이 얼굴빛을 바꾸고 고친다."

여기서 대인은 예전엔 임금이고 지금은 국가의 최고 지도자다. 군자는 학식과 덕을 겸비한 높은 관직에 있는 사람들로 지금의 국가 지도자를 보좌하는 장차관이나 고위 공무원들이다. 소인은 백성이고 지금의 국민이자 민초民草다. 호변虎變이란 가을철이면 호랑이가 털갈이를 하여 자신의 가죽과 모습을 아름답게 하는 것을 이른다. 이와 같이 국가 지도자가 제도와 시스템을 개혁하여 세상과 나라를 새롭게 하는 것이다. 표변豹變은 표범이 털갈이를 통해 자신의 몸가짐과 맵시를 완전히 바꾸는 것이다. 이는 지도자를 보좌하는 참모들이 지도자의 비전과 목표를 받들어 개혁 사업을 철저히 수행하고 내실을 기해 나라와 국민이 새롭게 거듭나도록 하는 것이다. 혁면革面은 얼굴빛을 고친다는 뜻으로 국민이 새롭게 변한 제도나 시스템에 적극 따르고 동참하여 변화한다는 이야기다.

하지만 이것은 말의 성찬이다. 개혁과 변화가 쉬우면 누군들 못하겠는가. 개혁은 낡은 것을 과감히 바꾸고 새로운 것을 창조하는 아픈 과정이다. 또한 수많은 갈등과 모순, 이해관계를 극복하고 해결하는 길이다. 따라서 잔꾀나 사리사욕을 버리고 바른 길로 나아가며 혼란을 최소로 줄여야 한다. 개혁은 단순한 변화가 아니다. 거기에는 나라와 조직, 집단이 추구해야 할 가치와 방향이 있어야한다. 그럴 때만이 지금보다 더 낫고 높은 곳으로 갈 수 있다. 개혁은 성급하게 추진하는 것이 아니며 무턱대고 나아가면 위험에 처하고 실패할 가능성이 매우 높다. 따라서 민심이 무르익을 때 개혁을 해야 한다. 민심을 등에 업을 때만이 크게 발전하고 뜻대로 이룰 수 있으며 바른 마음으로 밀고 갈 때 성공하고 후회를 줄일 수 있다.

국가 지도자大人가 몸과 마음을 새롭게 하고 개혁을 주체적으로 이끌어 갈 때 민심은 그의 편이 된다. 지도자를 보좌하는 참모들君子이 면모를 새롭게 해야 국민이 인정하고 따르는 집단과 무리가 생긴다. 새롭게 한다는 것은 국가 지도자의 마음과 의지를 읽고 따르면서 변하는 것이다. 국민小人이 얼굴빛을 고친다는 것은 그냥 그렇게 대충 눈치 보고 바꾼 체하는 것이 아니라 자신의 사리사욕과 이해관계를 버리고 개혁에 순응하는 것이다. 이는 개혁의 방향과 실체, 내용을 인정하고 국가 지도자와 그를 보좌하는 리더들의 방침과 지도에 잘 따름을 말한다.

잘못된 것을 고치고 새롭게 나아가는 것이 현명한 사람의 행동이고 마음가짐이다. 오래되어 굳어진 좋지 않은 버릇과 습성은 버려야 한다. 나아가 그릇된 관행과 행동을 과감히 버리고 새롭게 변해야 한다. 그렇지 않으면 설 곳이 없다. 대인호변 군자표변 소인혁면大人虎變 君子豹變 小人革面의 가르침을 따르라!

17

패거리를 만들면
모두가 망한다

- 당동벌이(黨同伐異) : 후한서(後漢書), 십팔사략(十八史略)

黨 : 무리 당,   同 : 한 가지 동,   伐 : 칠 벌,   異 : 다를 이

사회가 다원화되면 많은 쟁점과 갈등이 생긴다. 그런데 문제는 그 갈등과 쟁점을 풀어 가는 방식이다. 우리나라의 경우 각 분야에서 제기된 문제들을 풀어 가는 과정을 보면 참으로 안타깝다. 민주적인 방법, 대화와 타협이란 좋은 방안을 두고도 무조건 적과 동지를 가르고 자신과 자신이 속한 집단의 이익과 목소리만 내세운다. 상대를 파트너로 인정하지 않으며 상대의 입장과 처지는 안중에도 없다. 남는 것은 결국 죽기 아니면 살기 식의 극한 투쟁과 비방, 매도뿐이다. 이는 민주적 사회 발전과 통합에 아무런 도움을 주지 않는다. 이러한 분위기는 정치인 같은 시쳇말로 잘난 인간들이 앞장서서 만든다. 참으로 한심한 노릇이 아닐 수 없다. '당동벌이黨同伐異'가 이에 딱 맞는 말이다. 이는 '어떤 사안이나 쟁점에 대해 옳고 그름을 판단하거나 순리적인 방법으로 풀어 가려는 노력을 하지 않고 단지 같은 무리의 이익과 목소리만 옳다고 믿고 다른 패거리무리를 적대시하거나 공격하는 것'을 말한다. 이 말은 후한서後漢書 당동전黨同傳, 십팔사략十八史略 등에서 찾아볼 수 있다.

　　"한漢나라 외척外戚 왕망王莽이 평제平帝를 죽이고 왕위에 올라 신新: 기원후 8~23을 세웠다. 하지만 정치, 경제, 사회적으로 많은 문제와 갈등이 빚어졌다. 이에 따라 전국 각지에서 많은 농민들과 호족豪族들이 난을 일으켰다. 호족 세력 중 유수劉秀가 연합 세력을 이끌고 군사를 일으켜 신나라를 망하게 하고 후한後漢 광무제光武帝가 되었다. 광무제의 정권은 호족 연합 세력이었고 한나라는 유교 국가였다. 호족 세력들은 그를 바탕으로 세력을 넓혀 중앙 관료나 학자로 진출했다.

　　그런데 후한 시대 끝으로 갈수록 황제들이 무능력해졌다. 안제安帝, 소제少帝, 영제靈帝, 환제桓帝 등이 대표적이었다. 너무 어린 나이에 왕위에 오른 경우가 많았고 수명 또한 길지 못했다. 그런 황제들은 국가 운영을 외척이나 환관宦官들에게 의지하는 경우가 많았다. 이런 정치 행태는 부패와 타락, 무능으로 이어졌다. 중앙 정부의 혼란과 타락은 백성들에게 극심한 고통과 피해를 주었다. 이때 호족들과 그 세력을 바탕으로 중앙 정계에 진출한 관료, 학자, 선비들은 어떤 형태로든 환관과 외척들의 국정 문란 행위를 바로잡으려 했다. 이를 위해 그들은 무리黨를 만들기 시작했다. 그 중심에 선 사람이 등용문登龍門의 고사故事로 유명한 이응李膺이었다. 그는 인격이 높고 빼어났으며 청렴하여 많은 관료들과 선비들의 신망을 받았다. 그는 백성의 삶을 어렵게 한 정치 파탄, 환관들의 무능과 타락을 바로잡고자 했다. 사람들은 환관 무리를 비판하고 쳐부수는 깨끗한 세력이라 믿는 이들을 청류淸流라 불렀고 그들의 행동과 주장을 청의淸議라 했다. 이응을 중심으로 한 관료, 선비 집단과 환관 세력이 무리를 지어 한판 승부를 벌이게 됐는데 이것이 당동벌이黨同伐異의 시작이다.

이들은 환관 세력들과 치열한 싸움을 했는데 상대편의 옳고 그름, 논리나 주장을 듣거나 보려 하지 않고 무조건 배척하고 따돌리는 행태를 보였다. 그러자 서기 166년 환관 무리들이 어리석은 환제를 꼬드겨 반대파의 우두머리인 이응 등을 포함해 200여 명이 넘는 관료와 학자들을 체포하여 감옥에 가두었다. 하지만 환관들은 나중에 자신들에게 해害가 미칠까 두려워 이들을 풀어 주고 고향으로 돌려보내 아무 짓도 못하게 금고禁錮 처분을 했다. 그 후로도 환관들은 2차 당고의 금禁을 내려 뜻있는 관료들과 선비들을 죽이고 유배를 보내는 등 활동을 제한했다. 환관들의 세상이 된 것이다. 그 결과 후한 시대는 종착역을 향해 달려가는 브레이크 없는 기차 신세가 되었다. 그 후 전국 도처에서 일어난 황건적의 난으로 후한 시대는 막을 내리고 그 유명한 삼국시대三國時代가 다가왔다."

오늘 우리 사회의 현실이 후한 시대 풍경 같아 안타깝고 가슴이 아프다. 원칙과 상식, 정의가 무시되고 내팽개쳐진 지 오래다. 자신들의 이익과 목적을 위해 상대편을 멀리하고 배척하는 꼴이 우습고 한심하다. 다름을 인정하고 상생할 수 있는 방법, 모두가 승리자가 될 수 있는 방안은 없을까? 상대를 인정하고 남의 말을 경청할 수 있는 마음과 자세는 가질 수 없을까? 반목과 불신을 걷어내고 함께 내일을 꿈꾸고 만들어 갈 수 있는 관용과 지혜, 혜안이 그립다.

18
내가 너고
네가 나인 것을

胡 : 오랑캐 호,　蝶 : 나비 접,　之 : 어조사(…의) 지,　夢 : 꿈 몽

우리는 언제나 현실의 삶에 집착한다. 더 크고 많고 예쁘고 화려하고 빛나고 좋은 것을 추구한다. 하지만 그런 것들은 절대적이거나 영원하지 않다. 한갓 꿈이고 허상일 수 있다. 모든 것은 변화하며 지금 내 앞에 있는 것도 절대적이거나 영원하지 않다. 지위도 명예도 사랑도 재물도 그렇게 흘러갈 뿐이다. 결국 모든 것은 자연으로 돌아간다. 장자莊子는 제물론齊物論에서 세상 만물은 스스로 있는 것이라 한다. 스스로 있는 것은 다름 아닌 자연自然이다. 자연은 스스로를 나타내거나 꾸미지 않는다. 있는 그대로가 바로 자연이기 때문이다. 장자에게 있어 자연은 무한 자유며 자유는 자연스러움이고 무심無心한 그 무엇이다. 제물론에서 제齊는 '모두, 똑같이, 다'를 말한다. 따라서 세상 만물은 다 똑같다는 것이 장자의 생각이다. 어떤 차이가 있는 것은 상대적인 것일 뿐 그 끝에는 차별이 없고 너와 내가 하나이며 세상 만물이 모두 하나라는 것이다. 이것이 물아物我, 망아忘我의 경지다. 장자는 나비를 통해 그러한 예에 절묘하게 접근한다.

"옛적에 장자莊周가 꿈에 나비가 되었다. 훨훨 날아다니는 모습이 분명 나비였다. 스스로 즐겁게 느끼고 뜻하는 대로 잘 날아다녀 장자 자신인 줄 알지 못했다. 그러다가 조금 지난 뒤에 문득 깨어 보니 분명히 장자 자신이었다. 장자 자신이 꿈에 나비가 된 것인지, 나비가 꿈에 장자가 된 것인지를 알 수가 없었다. 장자와 나비는 반드시 따로 나누고 구별하여 가르는 것이 있을 것이다. 이러한 것을 세상 만물이 끝없이 흐르고 변화하는 것이라고 말한다."

세상 사람들은 지금까지 자기가 생각한 관념이나 틀을 가지고 사물을 보며 모든 것을 원인과 결과론적으로 예측하고 분석한다.

하지만 장자는 이런 방식과 접근을 부인한다. 그는 세상 만물에 차별을 두지 않고 있는 그대로 보며 받아들인다. 그것이 곧 자연이라는 것이다. 자연은 스스로 만들어지고 변화하기 때문에 상대적이고 논리적인 설명과 접근을 하지 않는다. 자연은 일체 만물의 낳고 스러지고生滅 변화하는 그 자체다.

사람들은 나비 꿈胡蝶夢에서 현실과 꿈을 구별하고 장주와 나비를 나누려고 한다. 하지만 장자는 그 차별과 구분을 단호히 거부한다. 모든 것은 변화物化하기 때문에 그런 태도와 구별은 무의미하다. 어떤 것을 구별하고 나누는 것은 단지 변화하는 모습에 불과하다. 세상 만물의 변화를 사람이 나누고 쪼개는 일 자체가 부질없는 짓이다. 자연의 입장에서 보면 일체 만물은 구별과 차별이 없고 모두 하나로 통한다. 그러므로 옳고 그름, 아름다움과 추함, 길고 짧음, 크고 작음, 가난함과 부유함 등을 하나로 인정한다. 그렇게 바라보면 장자가 나비가 되고 나비가 장자가 된다. 즉, 꿈이 현실이고 현실이 꿈이 되는 것이다. 이런 상태나 단계에 이르러야만 깊이 생각하여 이치를 깨달아 참된 도道와 자유를 알 수 있다고 말한다. 이런 단계가 바로 무아지경無我之境이다.

19

너도 언젠가는
당하리라

- 작법자폐(作法自斃) : 사기(史記)

作 : 지을 작,　法 : 법 법,　自 : 스스로 자,　斃 : 넘어질(죽을) 폐

"법 앞에 만인은 평등하다."

우리나라 헌법에도 규정되어 있는 너무도 유명한 말이다.

"모든 국민은 법 앞에 평등하다. 누구든지 성별, 종교 또는 사회
적 신분에 의하여 정치적, 경제적, 사회적, 문화적 생활의 모든 영
역에 있어서 차별을 받지 아니한다대한민국 헌법 제11조 1항."

하지만 지금까지의 우리나라 사회에서는 그렇지 않았다. 서민
들에게는 불리하고 권력과 돈을 가진 사람들에게는 유리하다. 최

고 권력을 가진 주변 사람들, 정치인, 재벌 총수, 고위 관료 등에게는 고무줄 잣대다. 국민들은 다 안다. 탈옥수 지강헌이 말했던 '유전무죄 무전유죄有錢無罪 無錢有罪'의 의미를……. 법을 만들고 집행하는 주체들이 법을 편파적으로 운용하는 사례가 너무 많다. 하지만 세월이 흐르면 언젠가는 그들도 반드시 그 법망을 빠져나갈 수 없는 상황이 생긴다. 그것은 역사가 증명한다. '작법자폐作法自斃'도 그런 사례 가운데 하나로 '자신이 만든 법에 의해 자신이 죽는다'라는 뜻이다. 사기史記 상군열전商君列傳에 나온다.

상군商君은 위衛나라 사람으로 성은 공손公孫, 이름은 앙鞅이다. 그는 법가法家 사상을 지지한 정치가로 진秦나라 효공孝公을 섬겼다. 10년간 재상으로 있으면서 모질고 혹독한 법으로 백성을 다스렸다. 그 결과 진나라는 강한 나라가 될 수 있었다. 상앙은 효공의 지지를 받아 귀족의 세습 특권을 폐지했다. 군공軍功의 크고 작음에 따라 작위를 주었고 연좌법을 시행했다. 상업이나 공업에 종사하는 사람들 가운데 게을러서 가난한 사람은 모두 관청의 노비로 삼았다. 곡식이나 비단을 생산하는 사람이 수확을 많이 하면 본인의 부역賦役과 세금을 면제했다. 개인적으로 사소한 다툼이 있는 경우 그 잘못의 크고 작음에 따라 벌을 받게 했다. 상앙이 재상이 된 지 10년이 지나자 그를 원망하는 자가 많았다. 진나라의 현명한 선비이자 은사隱士인 조량趙良이 여러 차례 충고를 했으나 상앙은 따르지 않았다. 다섯 달 후 진나라 효공이 죽고 태자太子 사駟가 왕위에 올랐다. 그가 진나라 혜문왕惠文王이다.

공자公子 건虔의 무리가 상앙이 반역을 하려 한다고 혜문왕에게 넌지시 일러바쳤다. 혜문왕은 관리들을 보내 상앙을 잡으려 했다. 도망친 상앙이 변방인 함곡관函谷關에 이르러 여관=旅館을 잡으려 했다. 여관의 주인은 그 사람이 바로 상군인지 알지 못했다. 그러면서 말했다.

"상군의 법에 따르면 증명서가 없는 분을 재워 주면 손님과 연좌되어 벌을 받게 됩니다."

상군은 한숨을 쉬며 탄식하여 말했다.

"아! 슬프다. 이 법을 만든 폐단으로 생기는 해로움이 나에게까지 이르렀구나!"

상군은 위魏나라로 도망쳤다. 하지만 일이 뜻대로 되지 않았다. 위나라 사람들은 예전에 상군이 속임수로 위나라 군을 무찌른 것을 알고 받아 주지 않았다. 그러면서 말했다.

"상군은 진나라의 적이다. 진나라는 강하고 무섭다. 그런 나라의 적을 돌려보내지 않으면 큰 화가 미친다."

하는 수 없이 상군은 진나라로 다시 갔다. 그곳 상읍商邑에서 따르는 무리를 규합해 정鄭나라를 쳤다. 그러자 진秦나라는 군사를 파견해

정나라에서 상군을 잡아 죽였다. 진나라 혜왕은 상군의 두 팔과 다리, 머리를 수레에 매달아 달리게 해 찢어 죽였다. 그런 다음 '상군처럼 믿음과 의리를 저버리고 돌아서지 마라' 하며 그의 집안사람과 피붙이를 다 죽였다.

　너무 강하고 가혹한 법은 국민을 위태롭게 한다. 국민에게 커다란 불편과 위협을 주는 법은 없는 것보다 못하다. 독재를 경험한 국가의 국민은 악법이 얼마나 사람을 불안하고 지치게 만드는지를 잘 안다. 몹시 모질고 독한 법은 악법이다. 악법은 만들지 말아야 하며 폐지되어야 한다. 법의 성격도 그렇지만 법의 집행 또한 공정하고 바르게 해야 한다. 법을 만들고 집행하는 사람들이 자신들은 예외로 하고 힘없는 사람들에게만 법을 엄격하게 적용하면 반드시 탈이 난다. 아주 짧은 기간 동안에는 그것이 통할지 모르지만 권력의 정점에서 내려오거나 권력의 단물이 빠지는 순간 족쇄가 되어 그들을 옭아맬 것이다. 법을 바르고 공정하게 집행해야 하는 이유가 여기에 있다.

20

세상에는
고수들이 많다

- 오장견소어대방지가(吾長見笑於大方之家) : 장자(莊子)

吾 : 나 오, 長 : 길 장, 見 : 볼 견(피동형 조술사), 笑 : 웃을 소
於 : 어조사(…에게) 어, 大 : 큰 대, 方 : 모(방향) 방,
之 : 어조사(…의) 지, 家 : 집(전문가, 대가) 가

자신이 최고라고 착각하며 사는 사람들이 많다. 자신이 세상의 중심이고 자신을 중심으로 돌아가는 세상이 전부인 줄 안다. 하지만 그런 사람은 보고 듣는 것이 너무 적기에 자기 밖의 세상에 대해 아는 게 별로 없다. 세상에는 우리가 모르는 위대하고 빛나는 사람들이 차고 넘친다. 그들이 바로 대가大家고 고수高手며 달인達人이다. 대가는 어떤 전문 분야에서 뛰어난 권위를

인정받는 사람이다. 고수는 자신의 분야나 집단에서 기술이나 능력이 매우 뛰어난 사람을 이른다. 달인이란 학문이나 기예에 통달하여 남달리 뛰어난 역량을 가지고 있거나 널리 사물의 이치에 통달한 사람이다. 자신의 알량한 실력과 깜냥만 믿고 날뛰다간 대가와 고수의 웃음거리만 될 뿐이다. 항상 겸손한 마음과 자세로 세상과 사람들을 바라보고 살아야 한다. 이러한 가르침은 장자莊子 추수秋水 편에도 나온다.

가을이 되어 불어난 모든 냇물과 시내가 황하黃河로 흘러갔다. 그 흘러가는 물의 너비가 너무 커서 강 양편 언덕이나 모래톱에 있는 소나말을 알아볼 수 없을 정도였다. 그런 까닭에 황하의 신神은 기꺼운 마음으로 스스로 기뻐하며 이 세상의 모든 아름다움을 다 가지고 있다 생각했다. 흐르는 물줄기를 따라 동쪽으로 달리고 달려 북녘 바다北海에 다다랐다. 북녘 바다에서 동쪽을 바라보았으나 그 물 끝이 보이지 않았다. 황하의 신은 비로소 얼굴을 돌려 멍하니 북녘 바다의 신 약若을 멀리 바라보며 탄식했다.

"속담시골 사람들이 쓰는 말에 이르기를 '백 가지의 진리나 도리를 알고 있는 사람이 세상에 자기같이 훌륭하거나 뛰어난 사람이 없다고 생각한다'라는 말이 있습니다. 이는 곧 저와 같은 사람을 두고 한 말입니

다. 또한 저는 예전에 공자孔子의 학문을 적다고 평가했습니다. 백이伯夷
와 같이 절개를 가벼이 여기는 사람이 있다는 말을 듣고서도 처음부
터 이제까지 믿지 않았습니다. 그런데 지금 저는 당신의 끝이 없는 모
습을 보고 난 다음에야 그것이 틀렸다는 것을 알았습니다. 제가 당신
과 같은 훌륭한 스승 밑으로 들어오지 않았더라면 커다란 가르침도
못 받고 위험했을 것입니다. 제가 조금만 잘못했더라면 오랫동안 큰
도리를 깨달은 사람들大家의 웃음거리가 될 뻔했습니다.”

이에 북녘 바다의 신 약이 말했다.

“우물 안 개구리가 바다를 알 수 없다. 그것은 그가 우물에 갇혀 있
기 때문이다. 여름을 사는 벌레에게 얼음에 대해 말을 할 수 없는 것
은 그가 자신이 사는 계절인 여름만 계절인 줄로 굳게 믿기 때문이다.
지금 당신은 물기슭과 물가를 벗어나 바다를 보고 난 다음에야 당신
의 잘못과 부끄러움을 알게 된 것이다. 이제야 당신과 함께 큰 도리를
말할 만하다. 세상의 물 가운데 바다보다 더 큰 것은 없다. 모든 시냇
물과 강물은 바다로 흘러가나 언제 멈출지를 알지 못하고 영원히 머
문 적도 없다. 그렇다고 물이 가득 차서 넘치지도 않는다. 봄이나 가
을에도 변함이 없고 장마나 가뭄에도 거의 아랑곳하지 않는다. 그러
나 나는 이런 이유로 스스로 많다고 여기지 않는다. 내가 하늘과 땅
사이에 있는 것은 마치 작은 돌이나 큰 산에 있는 나무와 같은 것이

라 생각한다. 이렇게 늘 내 자신을 작다고 생각한다. 그러니 또 어찌 내 스스로 뛰어났다고 하겠는가.”

　자기가 가진 것만 크고 많다는 주장은 편견이고 틀린 것이다. 크고 작고, 많고 적음의 차이는 상대적 시각과 관점에서 비롯된다. 커다란 지혜를 가진 사람들은 상대적 관념이나 시각을 넘어 세상 만물을 차별하지 않고 살핀다. 그런 사람은 자신 밖의 일과 물건物에 따라 마음을 움직이지 않는다. 귀하고 천한 것, 크고 작은 것에 차별을 두지 않고 절대 평등의 입장에서 바라보고 살아간다. 북녘 바다의 신 약처럼 사물에 대한 편견을 버려라. 세상 모든 것에 차별을 두지 말고 평등하게 감싸고 수용하라. 자신의 작은 지혜를 버리고 자연에 순응하며 살되 서로 잘 어울려 어긋남 없이 살아가라.

제 4장

세상 열기

1
가장 귀하고 두려운 것은 국민이다

- 민위귀 사직차지 군위경(民爲貴 社稷次之 君爲輕) : 맹자(孟子)

民 : 백성 민,   爲 : 될(할) 위,   貴 : 귀할 귀,   社 : 토지의 신 사
稷 : 곡식의 신(기장) 직,   次 : 버금 차,   之 : 어조사(지시대명사) 지
君 : 임금 군,   輕 : 가벼울 경

백성은 나라의 근본이다. 백성을 근본으로 하는 것이 민본 정치民本政治다. 맹자孟子 정치 사상의 기본 또한 민본이다. 맹자는 '천자天子의 자리는 천자 자신이 그 힘과 세력으로 차지한 것이 아니라 하늘과 백성으로부터 받은 것'이라고 했다. 이것은 백성이 모든 정치의 기본이고 주체임을 강조한 것이다. 백성이 없으면 국가와 정치도 없다. 대한민국 헌법 제1조는 다음과 같다.

"대한민국은 민주 공화국이다제1항."

"대한민국의 주권은 국민에게 있고 모든 권력은 국민으로부터 나온다제2항."

이는 대한민국의 주권이 국민에게 있다는 국민 주권의 원리를 명문明文으로 선언한 것이다. 여기서 국민은 주권자로서의 국민을 말한다. 주권자인 국민은 모든 국가 권력의 연원淵源이다. 국민은 다른 국가 기관에 국가 권력을 위탁하여 행사하게 한다. 국가 권력은 헌법에 의해 국민의 대표 기관인 대통령, 국회, 법원 등에 주어진다. 국민은 국가의 기본이며 그 누구보다 높고 귀하다. '민위귀 사직차지 군위경民爲貴 社稷次之 君爲輕'도 그런 뜻을 담고 있다. 이는 맹자 진심장구盡心章句 하에 나온다.

맹자가 말했다.

"백성이 가장 귀한 것이며 사직社稷이 그다음이고 임금은 가벼운 것이다."

나라를 세우면 사직을 세운다. 사직단社稷壇을 세우면 제사를 지낸다. 사社는 땅을 맡아 두루 살피는 신神이다. 직稷은 곡식을 맡아 주관하고 아우르는 신이다. 나라를 운영하는 데에 있어서 땅과 곡식은 대단히 중요하다. 하지만 나라의 근본은 백성이다. 사직도 백성만은 못하다. 사직이 그럴진대 임금은 말해서 무엇하랴. 임금은 백성보다 더 귀할 수 없다는 맹자의 단언이다.

"이런 까닭에 논과 밭에서 일하는 백성의 마음을 얻으면 세상 모든 사람을 다스리는 천자가 된다. 천자의 마음을 얻으면 제후諸侯가 된다. 제후의 마음을 얻으면 대부大夫가 된다."

세상 모든 사람을 다스리는 천자는 대단하고 백성은 미천하다. 하지만 보잘것없는 백성의 마음을 얻어야 천자가 된다. 천자를 만든 사람은 백성이다. 천자는 백성을 바탕으로 하늘을 대신해 세상을 다스린다. 백성의 마음은 천자의 마음보다 더 귀하고 소중하다. 천자의 마음을 얻으면 제후諸侯밖에 못 된다. 백성의 마음을 얻지 못했기 때문이다. 제후의 마음에 들면 대부大夫가 될 뿐이다. 천자나 제후, 대부는 모두 백성보다 밑이다. 맹자는 이어서 말한다.

"제후가 마음 놓을 수 없을 만큼 사직을 어렵고 위태롭게 하면 제후를 바꿔 놓는다. 제물로 바치는 살아 있는 짐승 등 희생이 준비되고 정결한 곡식으로 제사를 때에 맞추어 올렸는데도 가뭄이 들어 땅이 마르고 홍수가 넘쳐나면 그 사직을 바꾸게 된다."

　백성은 사직을 위태롭게 하면 지도자를 바꿔 버린다. 이는 사직보다 임금이 덜 중요하기 때문이다. 정성껏 제사를 올렸는데도 가뭄이나 홍수 등 재난과 환란이 발생하면 백성은 사직을 바꾼다. 백성의 생활을 불안하고 위태롭게 하는 사직은 필요 없는 것이다. 맹자의 핵심은 이렇다.

　"민심은 천심이다. 백성은 나라의 근본이다. 그러므로 백성을 위해 바른 정치를 하라."

　나라의 근본인 국민의 삶과 마음을 힘들게 하는 지도자는 자격이 없는 사람이다. 그렇게 되면 지도자의 권위는 땅에 떨어지고 민심은 그를 떠난다. 떠난 민심은 국정 책임자를 바꾸게 된다. 최악의 경우 고대 중국 하夏나라의 걸왕桀王이나 은殷나라의 주왕紂王처럼 죽임을 당할 수 있다. 지도자를 위해 국민이 있는 것이 아니다. 국민을 위해 지도자가 있는 것이다.

2

오직 백성을
사랑하라

- 애민이이(愛民而已) : 육도(六韜)

愛 : 사랑 애, 民 : 백성 민, 而 : 뿐(따름) 이, 已 : 뿐(따름) 이

고대 정치의 목적은 의외로 간단하다. 백성의 화합을 바탕으로 편안하고 부강한 나라를 만드는 것이다. 나라를 태평하고 백성을 편안하게 하는 것은 국가를 경영하는 사람들의 제1원칙이다. 천하는 임금 한 사람의 것이 아니기 때문이다. 천하는 모든 백성의 것이다. 천하의 이익을 백성과 고루 나눠야 백성의 마음을 얻고 나라가 평안해진다. 백성의 시름과 즐거움을 함께하고 그들이 좋아하는 것을 좋아하고 싫어하는 것을 싫어해야 한

다. 그렇게 하려면 먼저 백성의 처지와 마음을 읽어야 하지만 이
는 쉽지 않은 일이다. 천하와 백성을 다스리는 실마리가 육도六韜
문도文韜 국무國務에 나온다. 육도는 중국 고대 병법서 무경칠서武經
七書 가운데 하나다. 육도의 도韜는 '감추다, 숨기다'의 뜻이고 '비
결秘訣'을 뜻하기도 한다. 따라서 육도는 '천하를 경영하고 군대를
부리는 여섯 가지 계책과 비결'을 말한다. 육도는 제齊나라의 시조
始祖가 된 강태공姜太公이 썼다고 하나 분명치 않다.

어느 날 주周나라 문왕文王이 강태공에게,

"나라를 다스리기 위해 크게 힘써야 할 것이 무엇이며 임금을 존엄
하게 하고 백성을 편안하게 하려면 어떻게 해야 하는가?"
라고 물었다. 강태공의 말은 의외로 간단했다.

"백성을 사랑하는 것뿐입니다愛民而已."

문왕文王이 다시 물었다.

"백성을 사랑하려면 어떻게 해야 하는가?"

태공이 말했다.

"이롭게 하고 해롭게 하지 마십시오. 이루게 하고 그르치지 않게
하십시오. 살게 해 주고 죽지 않게 하십시오. 나누어 주고 빼앗지 마
십시오. 즐겁게 해 주고 괴롭히지 마십시오. 기쁘게 해 주고 성내지

않게 하십시오."

문왕文王이 좀 더 쉽게 설명해 달라고 하자 강태공이 말했다.

"백성이 자신이 힘쓸 곳에 힘쓰게 하면 이롭게 됩니다. 농사꾼이 농사를 짓는데 그 때를 놓치지 않게 하는 것이 이룩게 하는 것입니다. 죄가 없는 사람을 벌주지 않는 게 백성을 살리는 것입니다. 세금을 가볍게 하면 백성에게 나눠 주는 것입니다. 궁궐을 검소하고 소박하게 짓고 누각이나 전망대를 세우는 공사를 벌이지 않는 게 백성을 즐겁게 하는 것입니다. 관리들의 마음이 깨끗하여 재물에 욕심이 없고 백성을 모질고 독하게 대하지 않고 어지럽게 하지 않는 게 백성을 기쁘게 하는 것입니다."

다시 강태공은 그 실천 방안을 아주 자세하게 제시했다.

"그런 까닭에 나라를 잘 다스리는 군주는 백성 부리기를 꼭 어버이가 자식을 사랑하는 것처럼 하고 형이 아우를 사랑하고 자애롭게 하는 것처럼 해야 합니다. 백성이 굶주림과 추위에 시달리는 모습을 보면 슬퍼하고 가엾게 여기고 걱정해야 합니다. 그 수고로움과 괴로움을 보면 그를 위해 슬퍼해야 합니다. 상과 벌은 스스로에게 베풀고 주는 것처럼 해야 합니다. 세금을 거둘 때는 자신에게서 거둬들이는 것처럼 해야 합니다. 이것이 백성을 사랑하는 길입니다."

강태공의 말이 참으로 옳고 명쾌하다. 요즘 말로 하자면 일자리를 많이 만들고 법 집행을 공정히 하고 조세 체계를 바르게 하고 형평성을 유지하며 부정부패를 없애고 쓸데없는 대형 국책 사업을 벌이지 말라는 것이다. 그런데 우리나라는 정반대다. 청년 실업자들이 넘쳐 나고 서민들은 고물가와 전세난, 불어난 가계 빚 등으로 수많은 고통에 시달리고 있다. 하지만 지금의 국가 경영자들은 주나라 문왕과는 다른 모습과 행태를 보여 주고 있다. 나라와 국민이 어떻게 되든지 간에 자신의 자리와 이익을 위해 몰두하는 형국이다. 국가를 경영하는 사람들은 자신의 책무인 국민의 생활과 고통을 돌봐야 한다. 국민이 편안하고 행복하게 살 수 있는 정책과 방안을 마련하고 그것을 실천해야 한다. 나라를 사랑하고 백성을 자신의 몸처럼 돌봤던 주나라 문왕 같은 지도자가 그리운 요즘이다.

3
외롭고 힘든 사람을
가장 먼저 돌보라

- 환과고독(鰥寡孤獨) : 맹자(孟子), 서경(書經)

**鰥 : 홀아비 환,　寡 : 과부(적을) 과,　孤 : 고아(외로울) 고
獨 : 홀로 독**

우리 사회는 '부의 양극화' 폐해가 심각하다. 중산층이 급격히 줄어들어 붕괴 직전이고 가진자와 못 가진 자들의 격차는 심각하게 벌어졌다. 특히 국민 기초 생활 보장 수급자나 차상위 계층의 생활은 참으로 어려워 그날그날을 겨우 때우는 상황이다. 그들의 삶은 날마다 벼랑 끝으로 내몰리고 있다. 우리나라 비정규직 비율은 경제 협력 개발 기구OECD 국가 가운데 최고다. 취업을 못한 젊은이들은 하루가 다르게 늘어 간다. 외롭고 힘없고

불쌍한 사람들을 위해 국가가 최소한 챙겨야 할 일들까지 모두 개인과 가족의 책임이 되어 버려 국가의 역할과 책임이 무엇인지 묻지 않을 수 없는 지경에 이르렀다. 국가가 국민의 기본적인 삶에 대해 진지하고 절박하게 생각해 본 적이 있었던가. 이제 국가가 가난하고 힘들고 외로운 사람들을 위해 그 대안들을 내놓아야 할 때다. 그것은 국가가 해야 할 최소한의 역할이자 의무다. 2천 3백여 년 전에 맹자孟子는 이미 다음과 같이 말했다.

"세상에서 가장 불쌍하고 의지할 곳 없는 사람들을 우선적으로 돌보고 보살펴야 한다."

이것이 '환과고독鰥寡孤獨'이다. 이는 맹자 양혜왕梁惠王 하편과 서경書經 강고康誥에 나온다. 양혜왕梁惠王은 양梁나라 혜왕이다. 고대 중국 전국 시대戰國時代에 잦은 전쟁으로 국력이 쇠약해진 위魏나라가 원래 도읍인 안읍安邑에서 대량大梁으로 수도를 옮긴 뒤 수도 대량의 양과 왕의 호칭을 묶어 부른 이름이다.

어느 날 양혜왕이 맹자에게 임금의 정치王政에 대해 이야기해 달라고 부탁했다. 이에 맹자가 말했다.

"예전에 주周나라 문왕文王이 기岐라는 땅을 다스릴 때 밭을 가는 자는 정전井田의 1/9을 하고 벼슬을 하는 자는 대대로 녹봉을 주어 국경

을 통과하는 문과 시장을 살피게 하고 세금을 받지 않게 했습니다. 연
못이나 시내에서 고기 잡는 것을 못하게 하지 않았습니다. 죄를 지어
도 그 자신에게만 묻고 자식이나 아내 등 가족에게는 그 화가 미치지
않게 했습니다. 늙어서 아내가 없는 사람을 홀아비鰥라 이르고 늙어서
남편이 없는 사람을 과부寡라 합니다. 늙어서 자식이 없는 사람을 외
로운 사람獨이라 하고 어려서 아비가 없는 사람을 고아孤라고 이릅니
다. 이 네 부류는 세상에서 가장 가난하고 어려운 백성입니다. 이들은
억울하거나 딱한 사정을 남에게 하소연할 곳이 없는 사람들입니다.
하여, 문왕은 정사를 행함에 있어 어짊과 인정을 베풀어 반드시 이 네
부류를 먼저 챙기셨습니다."

서경書經 주서周書 강고康誥 편에도 이런 이야기가 있다.

"주나라 문왕께서 덕을 속속들이 잘 밝히시고 형벌을 매우 조심스
럽게 삼가시었다. 감히 주제넘게 홀아비나 과부들을 업신여기거나 조
롱하지 않으셨다."

맹자는 말한다.

"외롭고 의지할 데 없는 불쌍한 사람인 이들, 즉 환과고독을 먼

저 살피는 것이 왕의 첫 번째 정치 행위政事다.”

　지금 우리 사회도 마찬가지다. 소외 계층과 사회적 약자들에 대한 관심과 배려가 절실히 필요하다. 그들을 돌보고 감싸는 것이 국가 지도자나 나라가 해야 할 최우선의 과제다. 그것이 정치의 시작이자 끝이다. 환과고독을 잊지 마라.

4

큰 나라를 다스릴 때는
작은 생선을 굽듯 조심하라

- 치대국 약팽소선(治大國 若烹小鮮) : 노자(老子)

**治 : 다스릴 치, 大 : 큰 대, 國 : 나라 국, 若 : 같을 약
烹 : 구울 팽, 小 : 작을 소, 鮮 : 생선(고울) 선**

나라를 다스릴 때 지도자들은 어떻게 해야 하는가? 법령이나 제도, 국민과의 약속이 지켜지면 국민은 편안해한다. 까다롭거나 까칠하지 않으면 국민은 순박해진다. 하지만 정치를 몹시 모질고 혹독하게 하여 국민을 괴롭게 하면 그들은 교활하고 야박해진다. 국민은 바르게 가다가도 나쁘게 갈 수 있고 나쁘게 가다가도 바르게 돌아올 수 있다. 하지만 그 끝은 아무도 모른다. 지도자가 나라를 제멋대로 끌고 가면 국민은 괴로워한다. 스스

로 이상한 행동을 하고 따르지 않는다. 그러므로 노자老子는 '치대국 약팽소선治大國 若烹小鮮'의 예를 든다. '지도자는 국민을 자신의 입맛에 맞게 억지로 끌고 가지 말고 그냥 그대로 둬라. 국민을 겁박하지 말며 다그치지 말고 스스로 할 수 있게 하라. 흐르는 물처럼 그렇게 순리대로 흘러갈 수 있게 하라'라고 말한다. 노자 제60장 거위居位 편에 나온다.

"큰 나라를 다스리는 것은 마치 작은 생선을 굽는 것과 같다. 도道를 지니고 온 세상을 잘 다스리면 귀신도 신통하고 묘하게 조화를 부리고 일을 꾸며 사람을 해치지 않는다. 이것은 귀신이 무엇이든 할 수 있는 불가사의한 힘이나 능력이 없어서 그런 게 아니다. 그런 힘이 있음에도 사람을 다치게 하지 않는다. 나라를 잘 다스리는 성인聖人 역시 사람을 다치게 하지 않는다. 귀신이나 성인 둘 다 사람을 다치게 하지 않는다. 그런 까닭에 모든 공덕과 성과가 고스란히 백성에게 돌아간다."

작은 생선을 구울 때 자주 뒤집고 쑤시면 모양이 일그러지고 맛도 떨어진다. 여기서 작은 생선은 바로 백성을 의미한다. 노자는 나라를 다스리는 지도자를 이것에 비유해 말했다.

"너무 번잡하게 법령이나 제도를 바꾸지 마라. 국민이 편안하고 안정될 수 있게 하라."

지도자가 욕심을 부려 요구하는 것이 많아지면 국민은 괴롭고 힘들다. 좋은 정치는 국민 스스로가 노력해서 발전할 수 있게 하는 것이다. 그러면 더 이상 바랄 게 없다. 국민이 편안하고 행복하게 살 수 있도록 그냥 놔둬라. 그러면 오히려 정치가 잘 돌아가고 문제가 없어진다. 유능하고 총명한 지도자는 국민 각자가 최선을 다해 자신의 능력을 발휘할 수 있도록 분위기를 만든다. 작은 생선을 구울 때 상처를 내지 않듯 국민의 몸과 마음에 상처를 내지 않아야 한다. 국민이 스스로 편안하게 잘 살 수 있는 방안을 찾아야 한다. 그것이 훌륭한 지도자다. 너무 작은 것까지 시시콜콜 간섭하지 마라. 큰 그림만 그리고 그냥 믿고 맡겨야 한다. '자연스럽게 흘러가는 것을 지켜보고 번잡하게 하지 말고 괴롭히지 말며 불안하게 하지 마라'라는 이야기다.

노자는 그의 책 제58장 순화順化 편에서 또 이야기한다.

"나라의 정치가 헐렁하고 어수룩하면 백성은 거짓이나 꾸밈이 없고 마음이 두터워진다. 나라의 정치가 까다롭고 자세하고 촘촘하면 백성이 불안하고 이지러져 없어지게 된다."

"백성을 까다롭게 하지 말고 불안하게 하지 마라."

그래야 백성이 거짓과 꾸밈이 없고 마음이 두터워진다. 나라를 잘 다스리는 사람은 스스로를 바르게 하면서도 다른 사람을 자르고 베어 단정하게 하지 않는다. 그는 자신이 날카로우면서도 남을 상하게 하거나 다치게 하지 않는다. 자신은 솔직하면서도 남에게 제멋대로 하거나 억지 부리지 않는다. 자신은 밝게 빛나면서도 남을 눈부시게 후리거나 꾀지 않는다. 그런 까닭에 지도자가 아무런 사심이나 욕심이 없이 나라를 다스리고 사람을 대하여 무위無爲의 정치를 하면 세상 모든 것이 올바르게 된다. 그러면 백성은 스스로 교화되고 올발라지고 부유해지고 소박해져 종국에는 모두가 편안해진다.

5

하찮은 것에
큰 뜻을 잃지 마라

- 완물상지(玩物喪志) : 서경(書經)

玩 : 가지고 놀 완, 物 : 물건 물, 喪 : 잃을 상, 志 : 뜻 지

나라를 다스리거나 조직을 이끄는 사람이 자신의 기본 책무를 망각하고 하찮은 것에 마음을 빼앗기면 반드시 문제가 생긴다. 고위 공직자들이 돈이나 물품을 받고 구속된 사례는 너무나 많다. 우리나라에서 고위 공직자가 되려면 반드시 검찰청 문 앞에 서야 하는가 하는 우스운 생각마저 든다. 그들은 무엇 때문에 공직자가 되었을까? 국민에게 봉사하고 국가 발전에 도움이 되기 위해서 공직에 나선 것 아닌가. 그런데 왜 공직자로서의 책무를 저버리고 금품이나 뇌물을 받고 나라 망신을 시키며 국민들로 하여금 분노하게 만드는지 모르겠다. 그들에게는 국가와 국민에 대한 봉사 정신과 공직자의 기본적인 책무는 안중에도 없는 것처럼 보인다. 참으로 안타까운 일이 아닐 수 없다. 이런 행태를 경계하는 말이 '완물상지玩物喪志'다. 이는 서경書經 주서周書 여오旅獒 편에 나온다.

주周나라 무왕武王이 주紂왕을 쳐부수고 상商나라를 멸망시키자 9주 외곽에 있는 오랑캐들까지 교류하게 되었다. 그러자 서쪽의 오랑캐인 여족旅族이 무왕에게 개獒 한 마리를 조정에 바치는 물건貢物으로 가지고 왔다. 주나라 무왕이 매우 기뻐하며 그 개를 좋아했다. 이에 당시 삼공三公 중 하나인 태보太保 벼슬을 맡은 동생 소공召公 석奭이 '여오旅獒 : 서쪽 오랑캐 여족의 개'라는 글을 지어 임금에게 아뢰고 잘못을 지적했다.

"총명하고 사리에 밝은 임금께서 몸가짐, 말과 행동을 조심하시니 사방의 오랑캐들이 모두 찾아와 무릎을 꿇었습니다. 먼 곳, 가까운 곳 모두 다 그 지방의 토산물과 특산물을 바쳤습니다. 그러나 대부분 옷과 음식, 그릇들뿐이었습니다. 임금께서는 사방에서 바친 물건들을 성姓이 다른 나라들에게 주었습니다. 그리하여 그들이 스스로 맡은 직책이나 업무가 분수에 넘치거나 지나치지 않게 하셨습니다. 음악이나 술, 여자 등 귀와 눈을 즐겁게 하는 것들을 가까이하지 않으면 모든 법률과 제도가 바르게 될 것입니다.

사람을 데리고 놀면 덕을 잃을 것이고 물건을 가지고 놀면 뜻을 잃을 것입니다. 개나 말은 그 풍토에 맞지 않으면 기르지 마십시오. 보배롭고 보기 드물게 귀한 새나 기묘하고 야릇한 짐승은 나라에서 키우거나 기르지 마십시오.

먼 곳의 물건을 보배로 생각하고 인정하지 않으면 먼 곳 사람들이 감동하여 가까이 올 것입니다. 보배로 생각하고 인정하는 것이 오로지 어짊과 현명한 사람이라면 이내 가까이 있는 사람들이 편안하게 될 것입니다. 잘고 너그럽지 못하고 지나치게 쌀쌀맞은 행실을 삼가십시오. 그렇지 않으면 마지막에는 큰 덕에 폐를 끼치게 됩니다. 아홉 길이나 되는 높은 산을 쌓을 때도 한 삼태기의 흙이 모자라면 무너질 수 있습니다. 진실로 이 길로 나아가고 이끌고 행하신다면 백성은 그들의 사는 곳을 고스란히 보호하고 유지하게 될 것입니다. 그러면 임금께서도 여러 대에 걸쳐 왕위를 차지하게 될 것입니다."

3천여 년 전에 주나라 무왕은 동생 소공 석의 충심 어린 진언進言을 받아들였다. 그리고 자신이 받은 진귀한 물건들을 성이 같은 제후는 물론이고 성이 다른 제후들에게도 공평하게 나눠 주고 자

신은 정치에 전념했다. 우리 고위 공직자들이 이런 자세와 행태를
본받으면 참으로 좋을 것이다. 국리민복國利民福이란 커다란 뜻을
놔두고 금품이나 뇌물에 넘어가 자신의 큰 뜻을 펼쳐 보이기도 전
에 낙마하는 공직자를 보면 한심하다. 큰 뜻을 품은 사람은 금품
이나 뇌물에 연연하지 말아야 한다. 오직 나라와 국민을 위해 최
선을 다해야 한다. 그런 뜻과 의지가 없는 사람이라면 공직에 나
서지 말아야 한다.

6

먹고살 수 있어야
바른 마음을 가질 수 있다

- 무항산무항심(無恒産無恒心) : 맹자(孟子)

無 : 없을 무, 恒 : 항상 항, 産 : 낳을(만들) 산, 心 : 마음 심

'국태민안國泰民安'

이는 예로부터 제왕帝王의 첫 번째 화두로 나라가 태평하고 백성이 살기 편안함을 이르는 말이다. 나라가 평안하고 백성의 생활이 편안하면 무슨 고민이 있겠는가. 그렇지 못할 때 모든 일들이 어그러지고 많은 문제가 나타난다. 이는 역사를 통해 수없이 경험한 사실이다. 오늘날 서민들은 생활이 어렵고 먹고살기 힘들다고 아우성이다. 국민은 당장의 먹고사는 것에 커다란 불안과 고통을 겪고 있다. 정부와 지도층에 대한 불신과 불만이 하늘 끝까지 이르렀다. 국민 생활이 안정되지 않으면 국가 운영에 커다란 문제가 생긴다. 맹자孟子는 2천 3백여 년 전에 이미 이런 사태를 경고했다. '무항산무항심無恒産無恒心'이 그것이다. 이는 '일정한 직업이 없어 생활이 안정되지 않으면 사람들은 떳떳하고 바른 마음을 가질 수 없다'라는 의미다. 맹자 양혜왕梁惠王 상구上句와 등문공滕文公 상구 등에 나온다.

"일정한 직업이 없어도 떳떳한 마음을 가질 수 있는 사람은 오직 선비뿐이다. 일반 백성의 경우는 일정한 직업이 없으면 떳떳하고 바른 마음을 가질 수 없다. 진실로 백성이 이렇게 바른 마음을 갖지 않으면 그들은 아무 거리낌 없이 제멋대로 하고 사치스러운 행동을 그만두지 않을 것이다. 백성이 이로 말미암아 죄를 지은 뒤에 쫓아가 그들에게 벌을 준다면 이는 백성을 그물로 쳐서 잡는 것이다."

맹자의 말과 지적은 적확하고 합당하다. 지도자가 백성의 기본 생활을 책임지지 못한다면 어찌 그가 어진 사람이며 좋은 왕이라 할 수 있겠는가. 맹자가 왕에게 바라는 것은 결코 크거나 화려한 것이 아니다. 백성이 기본적으로 먹고살 수 있게 해야 한다는 것이다. 배불리 먹고 마시고 하는 것이 아니라 최소한의 생활은 할 수 있게 하라는 의미다. 백성의 생활이 안정되지 않고 하루하루가 고통스럽고 불안하다면 그들이 어찌 바른 마음을 가지고 행동할 수 있겠는가. 자신들의 삶이 매 순간 괴롭고 힘들다면 그들은 죄보다 더한 짓도 저지를 수 있게 된다. 그런 그들을 엄하게 법이나 형벌로 다스리고 처단한들 그들이 과연 얼마나 수긍하겠는가. 하여, 백성의 생활이 안정될 수 있는 바탕을 마련하고 난 후에 그들을 바른 길로 이끌어야 한다. 그 방법을 맹자는 다음과 같이 제시한다.

"현명하고 훌륭한 임금은 백성의 생업을 정해 주되 반드시 위로는 부모를 섬길 수 있게 하고 아래로는 아내와 자식을 기르고 돌볼 수 있게 해야 한다. 풍년에는 내내 배불리 먹을 수 있게 하고 흉년에는 굶어 죽지 않게 해야 한다."

맹자는 이어서 말한다.

"그런 다음에 백성에게 바른 행동, 착한 일을 하게 했다. 그런 까닭에 백성이 그 명령에 쉽게 따랐다."

지금 당장 배고프고 힘들면 어느 겨를에 법을 지키고 예의를 따지며 바른 마음을 지니겠는가. 당장 굶어 죽게 될 사람에게 예의와 법도를 차리고 지키게 한다고 해서 결코 제대로 되지 않을 것이다. 기본적으로 먹고사는 문제가 해결되지 않으면 모든 일이 무망하다. 그러므로 아무리 경제가 어렵고 흉년이 들어도 최소한 부모와 처자식이 배를 곯지 않게 해야 한다. 다른 모든 것은 그다음의 문제다. 바른 정치의 근본은 백성의 생활을 돌보고 안정시키는 일이다. 이는 국가를 이끌어 가는 정치 지도자들이 깊이 새겨야 할 말이다.

7
앞날을
생각하라

- 갈택이어 기불획득(竭澤而漁 豈不獲得) : 여씨춘추(呂氏春秋)

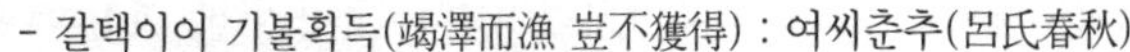

竭 : 물마를 갈,　澤 : 못 택,　而 : 말 이을(…하여) 이,　漁 : 고기 잡을 어
豈 : 어찌 기,　不 : 아닐 불,　獲 : 얻을 획,　得 : 얻을 득

우선 먹기에는 곶감이 달듯이 현실에 안주하면 편하고 좋을지 모른다. 하지만 장기적으로는 큰 도움이 되지 않는다. 따라서 미래를 대비하는 목표와 전략이 있어야 한다. 개인이나 조직은 물론 국가도 마찬가지다. 단, 그것은 반드시 실현 가능해야 한다. 비전과 목표를 세우고 실행할 때 한정된 사람들과 정보에 의존하면 핵심과 판세를 놓칠 수 있다. 반드시 다양한 사람들의 폭넓은 의견과 자문을 구해야 시행착오와 실패를 줄일 수 있

다. 당장의 손쉬움과 편안함에 빠지면 내일이 없다. 언제나 오늘보다 내일을 생각하며 멀리 내다보고 미래를 준비해야 한다. 그것이 지도자의 길이다. '갈택이어 기불획득竭澤而漁 豈不獲得'은 국가나 조직을 이끄는 리더들이 새겨야 할 말이다. 이는 '지금 눈앞에 보이는 이익만을 좇아 미래를 전혀 생각하지 않는 행태'를 이른다. 이 말은 여씨춘추呂氏春秋 제14권 효행孝行 편 사일四日 의상義賞에 나온다.

고대 중국에는 여러 국가나 제후 사이에 맺는 모임이나 굳은 약속들이 있었다. 이러한 의식을 회맹會盟이라 한다. 이 회맹의 우두머리를 맹주盟主라 이른다. 춘추 시대春秋時代에는 다섯 명의 맹주가 있었는데 그 가운데 한 사람이 진晉나라 문공文公이다.

진나라 문공이 성복成濮이란 지역에서 초楚나라와 한판 붙으려고 계획을 세웠다. 그런 다음 구범舅犯이란 신하를 불러 물었다.

"초나라는 군대의 숫자가 많고 우리는 적다. 어찌하면 좋겠는가?"

이에 구범이 말하기를,

"예禮를 번거롭게 하는 임금은 문文을 싫어하지 않습니다. 전쟁을 복잡하게 하는 군왕은 속임수를 싫어하지 않습니다. 주군主君 역시 적을 속이는 계책, 다시 말해 다양한 속임수와 꾀를 써서 갑자기 적을

268

공격하는 작전을 써야만 합니다."

라고 했다. 문공이 이 말을 또 다른 신하인 옹계雍季에게 전했다. 그러자 옹계가 말했다.

"연못의 물을 다 퍼내고 고기를 잡는다면 어찌 물고기를 잡지 못하겠습니까? 하지만 다음 해에는 그 연못에 물고기가 없을 것입니다. 숲과 초목이 우거진 덤불을 다 태우고 짐승을 잡는다면 어찌 짐승을 잡지 못하겠습니까? 하지만 다음 해에는 그 숲과 덤불에 짐승이 없을 것입니다. 거짓으로 남을 속이는 꾀나 방법으로 비록 지금은 일시적으로 이득을 얻을지 몰라도 나중에는 또다시 그런 이득을 볼 수 없습니다. 그러므로 남을 속이는 꾀나 방법은 좋은 것이 아닙니다."

하지만 진나라 문공은 구범의 계책을 썼다. 그리하여 성복 땅에서 초나라 군대를 크게 무찔렀다. 조정으로 돌아온 문공이 논공행상을 했다. 그런데 옹계에게 1등 공신의 상을 내렸다. 좌우에 있던 신하들이 술렁거리며,

"성복 땅에서의 승리는 구범의 계략으로 얻은 것인데 왜 구범에게 큰 상을 내리지 않습니까?"

라고 물었다. 그러자 문공이 말하기를,

"옹계의 말은 원대하고 오랜 세월의 이로움이다. 하지만 구범의 계략은 일시적인 것이다. 그러니 어찌 일시적인 것을 가지고 멀고 오랜

세월의 이로움에 우선할 수 있겠는가?"
라고 했다.

　적을 물리치는 데에는 일시적으로 속임수를 쓸 수 있다. 하지만 임시방편과 속임수는 말 그대로 일시적인 것이다. 한 번 쓰고 나면 다시 쓸 수 없다. 속임수나 거짓 행동을 자주 많이 쓰면 믿음을 잃고 믿음을 잃으면 마음을 얻을 수 없다. 그러면 제아무리 좋은 정책이나 비전을 제시하고 실행하더라도 효과를 볼 수 없다. 더디고 어렵더라도 바른 길로 가야 사람들의 마음을 잡을 수 있고 조직이나 국가에 도움이 된다. 꼼수는 하수下手들이 하는 짓이다. 넓게 보고 깊이 생각하며 내일을 준비하라. 느리지만 차근차근 전략을 세우고 앞날을 대비해야 한다. 그것만이 빛나고 안정된 미래를 가져다줄 것이다.

8

진실로
그 중심을 잡아라

- 윤집궐중(允執厥中) : 논어(論語), 서경(書經)

允 : 진실로 윤, 執 : 잡을(지킬) 집, 厥 : 그(다할) 궐
中 : 가운데 중

예나 지금이나 임금이 두려워하는 것은 백성이다. 백성이 없으면 임금도 없다. 백성이 아니면 나라를 지켜 줄 사람도 없다. 그런 까닭에 임금은 백성을 공경하며 늘 자신을 성찰하고 언행을 삼가야 한다. 뿐만 아니라 백성이 바라는 일을 받들고 존중해야 한다. 백성의 마음은 하늘의 마음이다. 백성의 마음은 변하기 쉽다. 세상이 시끄럽고 삶이 힘들어지면 백성의 마음은 변한다. 그렇게 되면 하늘이 내린 벼슬, 즉 제왕의 자리도 흔들리고 끝장난다. 그러므로 국가 지도자는 스스로를 삼가며 늘 중심을 잡아야 한다. 오직 현명한 지도자만이 흔들리는 민심의 미묘한 징조와 낌새를 알 수 있다. 백성을 편하게 하고 세상을 태평하게 하려면 항상 참된 마음으로 그 근본 도리를 지켜야 한다. 그것이 '윤집궐중允執厥中'이다. 이는 논어論語와 서경書經 등에 나온다. 먼저 논어 요왈堯曰 편을 보자.

요堯 임금이 말했다.

"아아, 순舜이여! 하늘의 운세가 그대에게 있으니 진실로 그 중심을 잡아라. 온 세상이 가난하여 살림이 구차하고 처지가 난처하고 딱하여 이러지도 저러지도 못하면 하늘이 주신 벼슬도 영원히 끊어질 것이다."

순 임금도 우禹 임금에게 역시 이와 같이 명했다.

서경 우서虞書 대우모大禹謨 편에도 같은 내용이 적혀 있다. 이번에는 순 임금이 하나라 우 임금에게 자리를 물려줄 때 한 말로 그 내용이 좀 더 자세히 전해진다.

"원래 사람의 마음은 부도덕하지 않으나 타락하고 못된 구덩이에 빠지기 쉽다. 그리하여 도道를 지키려 해도 어쩌다가 조금씩 어긋나게 된다. 그러므로 위태롭다. 사람이 본디 지니고 있는 품성이나 성격이 약하기 때문에 도를 지키려는 마음이 분명하지 못하고 어렴풋하기 쉽다. 이토록 사람의 마음이 약하기 때문이다. 그런 까닭에 오직 온 힘을 다하려는 참되고 성실한 마음을 한곳으로 모아야만 도를 좇아갈 수 있다. 그리하여 진실로 그 중심을 잡고 지켜야 한다.”

여기서 중심, 가운데中는 ‘지나침도 이르지 못함도 없는 것’을 말한다. 중용中庸에서는 그 답을 좀 더 자세하게 설명한다. 정자程子는 ‘기울어지지 아니한 것’을 중中이라 했다. 이는 ‘세상의 바른 도리’이자 기쁨과 노여움, 슬픔과 즐거움이 나타나지 않는 것이다. 또한 어느 것에도 치우치지 아니하고 한결같이 그 가운데를 지키는 것이며 세상의 근본 원리와 도리를 시간과 공간, 상황에 맞게 진실로 지키고 그 중심을 잡는 것이다. 그 까닭은 무엇인가?

사람들은 늘 자신의 이익만을 꾀하므로 흔들리기 쉬워 바른 도리를 지키기가 어렵다. 그래서 민심은 위태롭다. 또한 사람들의 마음이 약하기 때문에 바르고 또렷하게 행동하지 않는 경우가 많다. 민심이 변하기 쉬운 까닭이 여기에 있다. 그러므로 지도자는 오로지 정성을 다해 마음을 한곳으로 모으고 진실로 그 중심을 놓치지

말아야 한다는 것이다. 다시 말해 지도자는 마음을 늘 한곳으로
모으고 그 중심에 나라와 백성을 사랑하는 마음을 가지라는 경고
警告다.

9

다름을 인정하고
모두를 품어라

- 태산불사토양(泰山不辭土壤) : 십팔사략(十八史略), 사기(史記)

泰 : 클 태, 山 : 뫼 산, 不 : 아닐 불, 辭 : 사양할 사, 土 : 흙 토
壤 : 흙덩이 양

언제부턴가 우리나라 공직 인사에 패거리 문화가 대세로 자리 잡았다. 학연, 지연, 혈연 등 온갖 연줄로 끼리끼리 밀어주고 끌어 주고 나눠 먹는다. 능력과 비전은 온데간데없고 오직 연줄과 동지同志 여부가 등용의 기준이 됐다. 장·차관은 물론이고 공기업 임원들까지 관행이 된 지 오래다. 이런 인사 행태에 국민은 신물이 나 있다. 코드 인사, 정실 인사는 조직과 국가 운영 시스템을 망가뜨린다. 공직 인사를 적과 동지로 구분하여 행하고

국가나 조직을 닫힌 마음으로 운영하면 그 끝은 뻔하다. 획일성과 폐쇄성으로는 복잡하고 다양한 조직이나 사회를 이끌어 갈 수 없다. 다름을 인정하고 다양한 인재들을 품을 때 조직은 활기가 넘치게 되며 그 구성원 역시 열린 마음으로 최선을 다할 것이다. 그러면 경쟁력과 신뢰도가 높아져 조직은 더 조화롭고 크게 발전한다. 그런데 왜 이런 사실을 모르는 것일까, 아니면 알고도 행하지 않는 것일까? 그들에게 사기史記 이사열전李斯列傳에 나오는 '간축객서諫逐客書' 일독一讀을 권한다.

이사李斯는 초楚나라 사람이다. 순자荀子에게서 제왕帝王의 통치술을 배웠다. 공부를 다 마친 다음 진秦나라로 가 여불위呂不韋의 식객이 되었다. 여불위는 그의 현명함을 보고 벼슬을 내렸다. 그 후 진시황秦始皇을 만나 유세를 잘했다. 그 공로로 다른 나라에서 온 사람으로서 될 수 있는 가장 높은 벼슬인 객경客卿이 되었다. 그 무렵 한韓나라에서 온 수로水路 개척 요원인 정국鄭國이란 사람이 있었다. 그는 논밭에 물을 대는 수로를 개척할 것을 적극 건의했다. 그런데 이것이 진나라의 국력을 소모시키기 위한 술수와 계책이었음이 밝혀졌다. 이에 왕족과 대신들은 대다수 유세객들이 진나라를 해롭게 하니 모두 쫓아내라고 진시황에게 건의했다. 이사 역시 객경 자리를 내놓고 돌아가야 할 지경이었다. 이에 그는 진시황에게 글을 올렸다. 이것이 간축객서다.

"저는 다른 나라에서 온 빈객과 관리들을 쫓아내는 것은 잘못된 것이라 생각합니다. 옛날 목공穆公께서는 어질고 훌륭한 인재를 찾고자 융戎에서 유여由余를, 완宛에서 백리해百里奚를, 송宋에선 건숙蹇叔을, 진晉에선 비표와 공손지를 맞이했습니다. 목공은 진나라 사람이 아닌 이들을 등용하여 20여 나라를 통합하고 드디어 마지막에는 서쪽의 오랑캐西戎를 휘어잡았습니다. 효공은 위나라 사람 상앙商鞅의 변법을 받아들여 예전부터 내려오는 좋지 못한 습관과 거친 폐단을 바로잡아 백성과 나라를 강하게 했습니다. 혜왕은 위나라 장의張儀의 계략을 채용하여 결국에 여섯 나라의 합종책을 깨뜨려 진나라를 섬기게 했습니다. 소왕昭王은 범수范雎를 얻어 대신들의 권한을 줄이고 왕실을 튼튼하게 하여 진나라가 황제의 대업을 이루게 했습니다.

선왕들께서 다른 나라에서 온 훌륭한 인재들을 등용하지 않았다면 진나라의 부귀와 이익은 물론 강대국의 명성도 없었을 것입니다. 지금 왕께서 지니고 있는 옥이나 이름난 칼, 빠르게 잘 달리는 말, 북 등 보배롭고 보기 드물게 귀한 보물들은 진나라에서는 하나도 나지 않습니다. 정鄭나라나 위衛나라의 미녀들도 후궁으로 채워질 수 없습니다. 그런데 왕께서 그것을 좋아하시는 것은 무슨 까닭입니까? 제가 듣건

대 땅이 넓으면 곡식이 많이 나고 나라가 크면 백성이 많아지고 군대가 강하면 병사가 용감해진다고 합니다.

'태산은 한 줌의 흙도 마다하지 않았습니다. 그런 까닭에 그렇게 높을 수 있었던 것입니다. 큰 강과 바다는 작은 시냇물도 가리지 않고 받아들였습니다. 그렇기 때문에 그렇게 깊을 수가 있었던 것입니다.'

왕들은 여러 백성을 물리치지 않았습니다. 그런 까닭에 그 덕행과 명망을 밝힐 수 있었습니다. 그런데 지금 진나라는 다른 나라에서 온 훌륭한 인재들을 물리쳐 진나라로 못 들어오게 합니다. 다른 나라에서 온 현명한 선비들과 관리들을 쫓아내고 백성을 줄이면 적국을 이롭게 합니다. 그러면 안으로는 텅 비게 되고 밖으로는 제후들의 원망 소리를 들을 것입니다. 이런 상태에 이르면 나라를 구하고 위기를 없애려 해도 어찌할 수 없을 것입니다."

진나라 왕은 이사의 건의를 받아들였다. 그리고 그의 계책을 채택했다. 20여 년 후 진나라는 천하를 통일했다.

다양성은 열린 사회의 지표다. 다양성은 경쟁력을 헤아릴 수 있는 기준이다. 다양성의 가치를 인정하고 존중하는 나라나 조직은 발전한다. 그것은 나라나 집단, 조직을 유연하면서도 강하게 만든다. 서로 다른 강점과 창의성을 지닌 다양한 인재들이 소통하고

교감하여 힘을 모으면 엄청난 시너지synergy를 부른다. 다양성을 인
정하면 발전하고 거두면 망한다. 다양성은 경쟁력이다. 열린 마음
으로 다름을 인정하고 모두를 품어라. 그것만이 살길이다.

10

나라의 흥망은
백성의 마음에 달려 있다

- 득중즉득국 실중즉실국(得衆則得國 失衆則失國) : 대학(大學)

得 : 얻을 득, 衆 : 무리(백성) 중, 則 : 곧 즉, 國 : 나라 국
失 : 잃을 실

나라를 잘 다스리는 것은 국민의 마음을 얻고 국민이 바라는 바를 행하는 것이다. 그러려면 먼저 지도자가 스스로를 돌아봐야 한다. 나아가 국민과 끊임없이 소통하고 그들이 원하는 바가 무엇인지 살펴야 한다. 국민의 마음은 한곳에 머물지 않는다. 지도자가 귀담아듣지 않으면 언제든 그 마음을 다른 데로 옮긴다. 이는 동서고금東西古今의 역사가 증명한다. 따라서 국민을 공경하고 그들을 편안하게 해야 한다. 꼼수와 편법을 멀리하고 정정당당하게 일을 처리해야 한다. 정성된 마음으로 섬기지 않으면 국민은 지도자를 믿거나 따르지 않는다. 늘 바른 마음으로 국민을 생각하고 대해야 한다. 민심은 천심이다. 바른 마음으로 나라를 다스리면 민심을 얻고 그렇지 않으면 민심을 잃는다. 그런 까닭에 예로부터 '백성을 얻으면 나라를 얻고 백성을 잃으면 나라를 잃게 된다得衆則得國 失衆則失國'라고 했다. 이는 시경詩經에 나오는 말을 대학大學 평천하平天下 장에서 다룬 것이다. 시경 소아小雅 남산유대南山有臺 편에 이렇게 적혀 있다.

"즐거운 군자여, 백성의 부모다. 백성이 좋아하는 것을 좋게 여기고 백성이 미워하거나 싫어하는 것을 미워하고 싫어하라. 이것을 백성의 부모라 이른다."

이는 백성의 마음을 자신의 마음으로 삼아야 한다는 가르침이다. 백성 사랑하기를 부모가 자기 자식을 사랑하는 것처럼 하면 백성은 군주를 부모처럼 사랑할 것이라는 의미다.

시경 문왕文王 편에 이르기를,
"은殷나라가 백성을 잃지 않았을 때는 능력이 있어서 쉽게 천하의 임금이 되어 하늘을 다스리는 상제上帝를 상대할 수 있었다. 마땅히 은 나라를 거울로 삼아 보아라. 높고 훌륭한 하늘의 명령天命은 지키기가 쉽지 않다."

라고 했다. 이것은 백성을 얻으면 나라를 얻고 백성을 잃으면 나라를 잃게 된다는 것을 말함이다.

이는 본디 '백성의 뜻과 높고 큰 하늘의 명령은 지키기가 쉽지 않다. 그러므로 그 천명天命이 끊어지지 않도록 최선을 다하라. 훌륭한 명성을 두루 빛나게 하고 은나라처럼 백성의 뜻을 잃지 않도록 하라'라는 당부의 말이다.

"이런 까닭에 군자는 먼저 덕을 삼아야 할 것이다. 덕이 있으면 사람이 있고 사람이 있으면 땅이 있다. 땅이 있으면 재물이 있고 재물이 있으면 그 쓰임새가 있다. 따라서 덕은 근본이고 재물은 그 끝이다."

주희朱熹는 이것을 이렇게 풀었다.

"여기서 덕은 크고 밝은 덕을 이른다. 크고 밝은 덕을 베풀면 사람들이 모인다. 사람이 있다는 것은 마음을 얻어 수많은 백성을 얻는 것을 이른다. 땅이 있다는 것은 영토, 즉 나라를 얻는 것을 말한다. 나라가 있으면 재물을 쓸 수 있는 곳이 있나 없나 조심하거나 근심하지 않을 것이다."

임금이 근본인 덕을 우선으로 하면 백성의 마음을 얻고 나라가 편안해진다. 하지만 지엽 말단인 재물을 최우선으로 두면 백성은 그것을 빼앗아 가지려고 다투게 된다. 이것은 백성에게 싸움을 가르치는 것과 진배없다. 임금은 덕을 바탕으로 바른 마음을 지니고 나라와 백성을 이끌 때 그들의 마음을 얻을 수 있다. 백성을 공경하고 잔꾀를 부리지 말며 정성스러운 마음으로 곧고 바르게 나라를 다스려야 한다. 백성은 지도자란 배를 띄운 바다와 같은 존재다. 바다는 언제든 그 배를 뒤집거나 침몰시킬 수 있다. 착하면 백성의 마음을 얻어 나라를 차지하고 착하지 않으면 백성의 마음을 잃어 나라가 망하게 된다.

11
국민이 죽음을
두려워하지 않는다

- 민불외사 내하이사구지(民不畏死 奈何以死懼之) : 노자(老子)

民 : 백성 민,　不 : 아닐 불,　畏 : 두려워할 외,　死 : 죽을 사
奈 : 어찌 내,　何 : 어찌 하,　以 : 써 이,　懼 : 두려워할 구
之 : 갈(지시대명사) 지

지도자는 언제나 바른 마음으로 백성을 편하게 해야 한다. 이는 나라를 다스리는 사람의 최우선 원칙이자 책무다. 백성이 자신의 일을 열심히 하고 목숨이 다할 때까지 행복하게 살 수 있도록 배려하고 보살펴야 한다. 백성을 불안하게 하면 안 된다. 삶이 고달프고 힘들면 백성은 가만히 있지 않는다. 그들은 죽음조차 두려워하지 않고 그 어떤 일이든 저지르고 말 것이

다. 국가 지도자들이 백성을 어여삐 여기고 민생을 보살펴야 할 이유가 여기 있다. 민심은 늘 출렁거리는 바다 같은 존재다. 이런 관점에서 노자老子가 말한 '민불외사民不畏死'는 우리에게 많은 것을 생각하게 한다. 이 말은 노자 제74장 제혹制惑 편에 나온다.

"백성이 죽음을 두려워하지 않는다면 어찌 죽인다고 겁을 주고 야단쳐서 그들백성을 두려워하게 할 수 있겠는가?"

'지도자가 사납고 악한 정치를 하여 국민 생활이 힘들고 궁지에 몰리게 되면 국민은 죽음조차 두려워하지 않는다'라는 뜻이다. 지도자가 국민 생활에는 아무런 관심이 없고 국정을 제멋대로 운영하며 국민을 억압하면 사람들은 죽음도 두려워하지 않는다. 지도자가 국민을 무시하고 강압적이고 포악한 정치를 하면 국민 또한 나라의 형벌을 우습게 안다. 제대로 정치를 하지 못하면서 만날 국민을 겁주며 죽인다고 해도 국민은 그들의 말이나 명령을 듣거나 두려워하지 않는다. 지도자가 오직 국민을 위하고 국민의 삶을 돌봐야 국민도 지도자를 믿고 따를 수 있다. 다시 말해 국민의 생활이 안정되고 풍요로워야 자신은 물론 다른 사람의 생명 또한 귀하게 여기게 된다는 의미다. 노자는 도덕경 제75장 탐손貪損 편에서도 이렇게 이야기한다.

"백성이 굶주리는 것은 지도자가 많은 세금을 거둬 자신들의 배를 채우기 때문이다. 그런 까닭에 백성이 굶주리는 것이다. 백성을 다스리기 어려운 것은 지도자가 온갖 모략, 술책과 번거로운 법령을 통해 마음대로 다스리기 때문이다. 백성이 죽음을 가볍게 여기는 것은 지도자가 자신의 생활을 풍요롭고 사치스럽게 하기 때문이다."

백성을 배불리 먹게 하고 그들의 삶과 생명을 보장하라. 그렇지 않으면 백성은 화를 내고 반항하며 형벌을 무서워하거나 겁내지 않는다. 나아가 죽음까지 두려워하지 않는다. 그러면 그 화禍가 지도자에게 미친다. 나라를 다스리는 사람은 욕심을 버리고 늘 백성을 생각해야 한다. 지도자가 자신의 이익과 편안함만을 추구하면 반드시 그 대가를 치른다. 백성을 굶주리게 하고 온갖 구실과 계책으로 백성을 괴롭히고 귀찮게 하면 그 끝은 자명하다. 모든 것을 순리에 맞게 행하고 오직 백성을 위하라. 그러면 백성은 지도자의 편이 된다.

12

인재를 찾고 맞이하는 데 최선을 다하라

- 토포악발(吐哺握髮) : 사기(史記), 회남자(淮南子)

吐 : 토할 토, 哺 : 먹을 포, 握 : 쥘 악, 髮 : 터럭 발

인사人事가 만사萬事다. 국가든 조직이든 목표 달성과 운영은 사람이 한다. 좋은 인사를 하려면 유능하고 다양한 인재들이 있어야 한다. 능력 있고 현명하고 헌신적인 인재들은 인사권자에 따라 모이고 흩어진다. 잘못된 조직에는 언제나 그릇된 인사 시스템이 자리한다. 현명하고 뛰어난 인재를 모으고 뽑으려면 어떻게 해야 하는가? 먼저 인사권자가 열린 마음과 자세를 지녀야 한다. 학연, 지연, 혈연 등을 따지지 말고 능력 위주의 인사를 해야 한다. 자신을 낮추고 열과 성을 다해 인재들을 모아야 한다. 겸손하게 예를 다해 그들을 대하고 그들의 전문 지식과 노하우를 받아들여야 한다. 마지막으로 인재를 알아보고 존중하며 그들을 적재적소에 배치해야 한다. 그리하여 그들이 능력을 최대로 발휘해 뜻한 바를 이루게 해야 한다. 이것이 진정한 리더가 할 일이다. 이에 부합하는 말이 '토포악발吐哺握發'이다. 이는 '중국 주나라 주공周公단旦이 어진 인사들이 찾아오면 먹고 있던 음식을 뱉고 감고 있던 머리를 거머쥐고 맞이했다'라는 뜻으로 '인재와 어진 선비를 얻기 위해 무진 애씀'을 이르는 말이다.

주공은 노魯나라의 시조다. 주周나라 무왕武王은 그를 곡부曲阜 땅에 봉封하고 그를 노공魯公이라 불렀다. 그는 법도와 예악禮樂을 마련하는 등 주나라의 기틀을 닦는 데 온 힘과 열정을 바쳤다. 무왕이 죽고 나이 어린 조카 성왕成王이 왕위에 오르자 섭정하여 도왔고 관숙과 채숙 등의 난을 제압했다. 그는 국정을 보살피느라 자신의 땅인 노나라에 가지 못하여 큰아들 백금伯禽을 대신 보냈다. '토포악발'은 사기史記 노주공세가魯周公世家에 나오는데 주공이 그의 아들 백금을 노나라에 보내며 당부한 말속에 들어 있다.

"나는 문왕文王의 아들이며 무왕의 아우다. 또 성왕成王의 숙부다. 그렇지만 선비들이 나를 찾아오면 한 번 목욕하는 동안 머리카락을 세 번이나 움켜쥐었다. 한 번 밥을 먹는 동안에도 세 번이나 뱉고 일어나 나아가 선비들을 대접했다. 그런 가운데서도 오히려 내가 미흡한 점이 없나, 혹시 세상의 어진 사람들을 놓치고 있지 않나 마음 써 걱정하고 두려워하면서 살았다. 너도 노나라에 가서 결코 나라를 가졌다고 사람들에게 잘난 체하고 건방지게 뽐내서는 안 된다. 늘 신중히 행동하라.”

이와 비슷한 이야기가 중국 한漢나라 유안劉安이 쓴 책 회남자淮南子 범론훈氾論訓 편에도 나온다. 중국 고대 하夏나라를 세운 우禹임금이 나라에 필요한 인재를 맞이하기 위해 노력했다는 고사에 언급되어 있다.

“하나라 우 임금인 나를 도道로 가르칠 사람은 찾아와 북을 쳐라. 나에게 의로움을 깨우치게 하려는 사람은 종을 쳐라. 나에게 어떤 일을 알리고 싶은 사람은 방울을 흔들어라. 나에게 근심을 이야기하고픈 사람은 찾아와 틀에 옥돌을 달아 뿔 망치로 치면 소리가 나는 경쇠를 두드려라. 소송할 것이 있는 사람은 찾아와서 작은 북을 치도록 하라.”

이렇게 일러두고 난 다음 사람들이 우 임금을 찾아올 때면 우 임금은 한 끼 밥을 먹는 동안에도 열 번이나 일어났다. 한 번 목욕을 하는 동안에도 우 임금은 세 번이나 머리카락을 잡고 나와 세상 모든 백성의 괴로움을 덜어 주고 슬픔을 달래 줬다.

주나라 주공 단이 아들 백금에게 한 당부나 하나라 우 임금이 백성에게 한 말은 그 의미가 같다. 국가 발전과 국민의 삶을 위해서는 천하의 훌륭하고 다양한 인재들이 필요하다는 것이다. 그런 핵심 인재들을 모으고 등용하기 위해서는 최선의 노력과 정성을 다해야 한다. 나라의 일을 돌보는 태도와 자세에 한 치의 빈틈과 실수도 없어야 한다는 말을 해 주고 싶었던 것이다. 이런 마음과 자세로 주공은 주나라의 기틀을 잡는 데 많은 기여를 했다. 하나라 우 임금 역시 백성에게 존경과 신망을 받는 훌륭한 성군이 되었다. 이 같은 자세와 노력은 오늘을 사는 정치인, 리더 그리고 우리들에게 많은 시사점을 주고 있다.

13

전쟁은 함부로
하는 게 아니다

- 병자국지대사 불가불찰야(兵者國之大事 不可不察也) :

손자병법(孫子兵法)

兵 : 전쟁(군사) 병,　者 : …것(사람) 자,　國 : 나라 국
之 : 어조사(…의) 지,　大 : 큰 대,　事 : 일 사,　不 : 아닐 불
可 : 옳을 가,　察 : 살필 찰,　也 : 어조사 야

2010년 3월 26일 천안함 사건, 2010년 11월 23일 연평도 포격 사건이 발생했다. 북한이 저지른 천인공로天人共怒할 만행이었다. 그 당시 한반도에 전쟁의 먹구름이 밀려오고 있었다. 우리나라는 물론 세계가 주목하고 그 향방에 눈을 떼지 못했다. 보수 시민 단체 등에서는 반드시 보복을 해야 한다고 주장하기도 했다. 일견 맞는 주장이지만 보복할 경우 전면적인 전쟁으로 이어

져 걷잡을 수 없는 결과를 가져올 수 있다. 전쟁이 아닌 다른 방법들을 찾아 분쟁을 해결하는 것이 더 효과적이다. 어떤 경우라도 전쟁은 하지 말아야 한다. 어마어마한 비용과 희생이 따르더라도 전쟁을 피하고 평화를 유지해야 한다. 전쟁은 모든 것을 무너뜨리고 인간성을 파괴시킨다. 손자孫子도 일찍이 그의 병법兵法 시계始計 편에서 함부로 전쟁에 나서는 것을 비판하고 경고했다.

"전쟁은 나라의 큰일이고 국민이 죽고 사는 땅이며 국가의 존속과 멸망이 달려 있는 길이다. 그러므로 최후에 전쟁을 하더라도 그에 대해 아주 세심하게 관찰하고 살펴야 한다."

전쟁은 마지막 수단이다. 더 이상 아무런 방법이 없을 때 생사와 존망을 걸고 하는 것이다. 전쟁은 그 승패를 떠나 서로에게 엄청난 피해를 주기 때문이다. 그러므로 최후에 전쟁을 하더라도 그에 대해 아주 신중하고 세심하게 분석하고 살펴야 한다는 것이다. 전쟁은 장난이 아니다. 순간적인 감정과 분노로 하는 것은 더더욱 아니다. 손자는 최후의 수단으로 전쟁을 택할 때 승리를 위해서는 다음의 경우를 반드시 살피고 고려해야 한다고 말했다.

"어떤 지도자의 능력이 더 숙련되고 뛰어난가? 장수 가운데 누가
더 능력이 뛰어난가? 누가 더 기후 조건이나 때를 잘 활용하는가? 법
령과 조직 체계를 어느 쪽이 더 잘 운용하는가? 병사 가운데 누가 더
강한가? 장수와 병사들의 훈련은 어느 쪽이 더 잘되어 있는가? 상과
벌을 주는데 어느 쪽이 더 투명하게 하는가?"

손자는 또한 그의 병법 모공謀攻 편에서 어쩔 수 없이 최후에 전
쟁을 할 때 승리를 부르는 다섯 가지를 제시했다.

"상대와 싸우는 것이 유리한지 불리한지를 알고 싸우면 이긴다. 병
력의 수가 많고 적음에 따라 그에 맞게 작전을 세워 싸우면 이긴다.
지도자와 국민이 한마음, 한뜻으로 뭉쳐 싸우면 이긴다. 조금도 허술
한 틈이 없이 완전한 태도와 자세를 갖추고 싸우면 그렇지 못한 자를
이긴다. 장수가 경험과 능력이 많고 지도자가 장수의 작전을 이래라
저래라 간섭하지 않으면 이긴다."

손자는 요즘 말로 전쟁의 신이다. 그런데 손자는 그의 책 모공
편에서 '싸우지 않고 이기는 것이 진정한 승리'라고 말했다. 나아
가 가능한 한 전쟁은 피해야 한다고 주장했다. 병법가인 손자의

아이러니다. 그만큼 손자도 '전쟁은 무턱대고 하면 안 된다'라고 말하고 싶었던 것이다. 다시 손자 모공 편을 보자.

"적국을 그대로 고스란히 두고 이기는 것이 최고의 계책이다. 공격하여 무찔러 무릎 끓게 하는 것은 그다음 계책이다. 적군을 그대로 고스란히 두고 이기는 것이 최상의 계책이다. 적군을 박살내서 이기는 것은 두 번째 계책이다."

전쟁도 어차피 정치적인 이유 때문에 발생한다. 정치적인 입장에서 보더라도 상대를 다 죽이는 것보다 죽이지 않고 살려서 이용하는 것이 낫다. 그렇게 하는 것이 명분이나 실리에서 더 많은 것을 얻을 수 있다. 그런 까닭에 이길 수만 있다면 상대와 싸우지 않고 승리를 낚는 것이 최고로 좋다. 적의 군대와 병사들 또한 마찬가지다. 전쟁은 승패를 떠나 그 피해가 엄청나다. 그러므로 전쟁은 가능한 한 피하고 하지 말아야 한다. 전쟁은 모든 것을 빼앗아 간다. 그러므로 '병자국지대사 불가불찰야'해야 한다.

14

화근을
미리 없애라

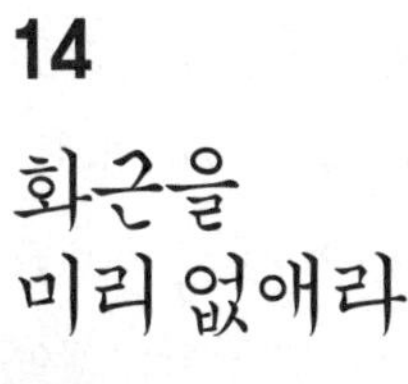

- 곡돌사신(曲突徙薪) : 한서(漢書)

曲 : 굽을 곡, 突 : 굴뚝 돌, 徙 : 옮길 사, 薪 : 땔나무 신

대형 자연재해나 커다란 비리非理 사건은 그것이 발생하기 전에 반드시 신호를 보낸다. 관련된 사람들이 그 신호를 읽지 못하거나 낌새를 알아차리지 못할 뿐이다. 이는 역사가 증명한다. 그런 낌새와 징후들이 나타났을 때 철저히 대비해야 한다. 괜찮겠지 하고 손 놓고 있다간 큰코다치기 십상이다. 일이 벌어진 뒤에 부산떠는 것은 아무 의미가 없는 소 잃고 외양간 고치기다. 철저한 대비와 준비가 없으면 사람들의 원성과 비웃음만 살

뿐이다. 화근禍根을 없애고 예방하는 데에도 때가 있다. 그 때를 놓치면 수습하기 어렵다. 때를 놓치지 말고 화근을 없애고 미래를 대비해야 한다. 방심은 반드시 화를 부른다. 평소에 제대로 준비하면 근심과 걱정이 없다. '곡돌사신曲突徙薪'도 거기에 꼭 맞는 말이다. 이는 '굴뚝을 구불구불하게 만들고 부엌 아궁이 옆에 있는 섶나무를 먼 곳으로 옮긴다'라는 의미로 '화근을 미리 없애고 미래를 대비하라'라는 뜻이다. 한서漢書 곽광김일제전霍光金日磾傳에 나온다.

곽광霍光은 한漢나라 때 권력이 막강한 신하權臣였다. 젊어서 황제를 모셨고 황제로부터 의지가 강한 인물로 평가받았다. 곽광은 황제의 스승 노릇을 했다. 창읍왕을 폐위시키고 선제를 옹립하고 사직을 안정시켰다. 그러나 그의 말년에 집안사람들이 사치와 전횡을 일삼아 많은 사람들의 원성을 샀다. 그 즈음 무릉茂陵에 사는 서복徐福이라는 선비가 세 번이나 글을 올렸다.

"곽 씨 일족은 오만방자하다. 오만방자한 사람들은 반드시 자신이 모시는 사람을 업신여기게 된다. 그런 사람은 틀림없이 반역의 길을 걷는다."

라고 했다.

그러면서,

"제때 처리하지 않으면 훗날 큰일이 벌어지고 수습하기 어려울 것이다."

라고 했다. 그러나 그 말은 받아들여지지 않았다. 곽광이 죽고 난 3년 후 지나친 탐욕으로 권력을 마구 휘두른 곽 씨 집안은 거덜나고 집안 사람들은 모두 죽임을 당했다. 그런 후 그들을 고발한 자들은 모두 큰 상을 받았으나 일찍이 그 일을 지적하고 예견한 서복에겐 아무 보상이 없었다. 이에 서복의 충정과 대우받지 못함을 안타깝게 여긴 어떤 신하가 임금에게 글을 올렸다.

"어떤 사람이 길을 가다가 어느 집 앞을 지나가게 되었습니다. 가다가 보니 그 집 부엌의 굴뚝이 곧게 되어 있었습니다. 게다가 그 아궁이 옆엔 섶나무들이 잔뜩 쌓여 있었습니다. 나그네가 주인에게 말했습니다. 굴뚝을 구불구불하게 다시 만드시고 섶나무들을 멀리 옮기십시오. 그렇지 않으면 앞으로 불이 날 것입니다. 하지만 그 주인은 아무 말도 하지 않고 대꾸조차 하지 않았습니다. 그 후 어느 날 갑자기 그 집에 불이 났습니다. 동네 사람들이 힘을 모아 다행히 불을 껐습니다. 주인은 소를 잡고 술을 내놓으며 동네 사람들에게 고마움을 표시했습니다. 불에 덴 사람이 맨 윗자리에 앉고 나머지는 그 공로에 따라 자리했습니다. 그러자 어떤 사람이 집주인에게 말했습니다.

'당신이 그 나그네의 말을 들었더라면 소를 잡고 술을 사는 일도 없었을 것이고 불도 나지 않았을 것입니다. 지금 불을 끈 공로에 따라 동네 사람을 따로 불러 잔치를 열었으나 굴뚝을 구부러지게 만들고 섶나무를 멀리 옮기라고 한 사람에게는 은혜가 미치지 않았습니다. 그런데 머리를 그을리고 이마를 데이면서 불만 끈 사람을 맨 위 자리에 앉혀서 되겠습니까?

그러자 그때서야 주인은 그 손님을 불렀다고 합니다."

신하의 이야기를 듣고 황제는 서복에게 비단 10필을 내리고 나중에 낭관 벼슬을 주었다고 한다.

이것이 '곡돌사신'의 내용이다. 공자孔子도 논어論語 위령공衛靈公 편에서 말했다.

"사람이 먼 장래를 걱정하지 않으면 반드시 가까운 미래에 근심, 걱정이 있을 것이다."

남의 이야기가 아니다. 다가올 재난과 재앙을 막기 위해 화근이 될 만한 것들은 미리미리 없애야 한다. 재난과 화근은 늘 시그널 signal을 보낸다. 그런 징후나 낌새가 있으면 반드시 살피고 제거해야 한다. 그것을 허투루 보고 무시하면 더 큰 화를 부른다. 호미로 막을 것은 호미로 막아야 한다. 호미로 막을 것을 가래로도 막지 못하는 것은 어리석은 일이다. 방심放心은 금물이다. 재난과 재앙보다 더 무서운 게 방심이다. 방심하지 마라. 언제나 유비有備면 무환無患이다.

15

백성의 믿음이 없으면
모든 게 끝장이다

- 민무신불립(民無信不立) : 논어(論語)

民 : 백성 민,　無 : 없을 무,　信 : 믿을 신,　不 : 아닐 불
立 : 설 립

세상살이에서 믿음은 대단히 중요하다. 부부나 가족 관계가 그렇고 친구와 이웃 관계가 그러하다. 직장에서 상하 관계나 국제 관계도 마찬가지다. 모든 좋은 관계는 신뢰를 바탕으로 만들어진다. 나라를 다스리고 이끌어 가는 데 가장 필요하고 중요한 것 또한 국민의 믿음이다. 믿음이 없으면 모든 게 어려워진다. 믿음이 없는 관계는 아침 이슬이나 물거품 같아서 한 방에 끝장나기 쉽다. 우리나라 국민 대부분은 정치인과 정부의 말을 믿지 않는

다. 그 이유는 간단하다. 믿지 못하게 했고 또 그렇게 하고 있기 때문이다. 그들은 오랜 세월 국민을 속이고 믿음을 주지 않았다. 민무신불립民無信不立, 즉 '백성의 믿음이 없으면 바로 설 수 없다'라는 이야기도 이를 경계하여 가르치는 말이다. 백성의 믿음이 없으면 나라나 왕도 위태롭다. 믿음은 정치를 하는 사람에게 국민과의 관계에서 가장 필요한 화두다. 논어論語 안연顔淵 편에 나온다.

자공子貢이 공자孔子에게 정치가 어떤 것인지 물었다. 공자가 말했다.

"먹을 것이 매우 넉넉하여 부족함이 없게 하고 군대와 군비를 모자람이 없이 넉넉하게 갖추면 백성이 믿을 것이다믿음을 저버리고 돌아서지 않을 것이다."

자공이 다시 물었다.

"반드시 마음이 내키지 않지만 사정에 따라서 그렇게 하지 아니할 수 없어 하는 수 없이 버린다면 이 세 가지 가운데 어느 것을 먼저 버려야 합니까?"

공자가 말했다.

"군대를 먼저 버려라."

자공이 다시 말을 이었다.

"반드시 마음이 내키지 않지만 사정에 따라서 그렇게 하지 아니할

수 없어 하는 수 없이 버려야 한다면 남은 두 가지 가운데 어느 것을
먼저 버려야 합니까?"

공자가 말했다.

"먹는 것을 버릴 것이다. 예전부터 누구나 다 죽지만 백성에게 믿
음을 받지 못하면 나라를 오래 버티게 하지 못할 것이다."

자공은 공자의 제자다. 공문십철孔門十哲 중 한 명으로 위衛나라
사람이었다. 그는 공자의 같은 제자인 노나라 사람 재여宰予와 함
께 특히 언변에 뛰어났다. 제자인 자공의 질문도 좋지만 스승 공자
의 대답이 명쾌하다. 한 나라를 다스릴 때 반드시 필요한 것은 백
성이 배불리 먹고사는 것과 그 나라와 백성을 지킬 수 있는 강력한
군대 그리고 지도자와 백성이 한마음이 될 수 있는 서로의 믿음이
다. 이것들이 갖춰지면 나라는 번성할 것이고 백성은 편안할 것이
다. 그런데 자공과 공자가 나라를 다스리는 데 필요한 세 가지 가
운데서 하나씩 빼는 일을 한다. 그것은 나라와 백성을 다스리는 데
가장 중요한 것이 무엇인지를 강조하기 위함이다.

먼저 군대를 버리라고 한다. 그 이유는 이렇다. 백성이 배불리
먹고 편안하면 나라와 지도자를 믿게 된다. 그러면 한마음이 되어
강력한 군대가 없어도 그 나라는 탄탄해진다. 그러므로 먼저 군대

를 버리라 한 것이다. 그다음에 버릴 것을 선택하라면 먹을 것을 집으라 한다. 그 이유는 무엇일까? 백성이 생활하면서 가장 중요하게 여기는 것이 먹는 것이다. 그런데 사람은 비록 먹을 것이 넉넉하다 하여도 반드시 죽게 된다. 그것은 필연이다. 배고파도 죽고 배불리 먹어도 결국에 죽음을 피할 수는 없다. 그러므로 공자는 그런 필연에 따라 먹을 것과 믿음 가운데 먹을 것을 먼저 버리라 한 것이다. 그렇다면 왜 믿음이 군대나 먹을 것보다 우선하는가? 나라를 다스림에 있어 가장 중요하기 때문이다. 백성이 나라와 지도자를 믿지 않고 지도자가 백성에게 믿음을 주지 못하면 그 나라와 지도자는 바로 설 수 없다. 그러므로 지도자는 반드시 백성에게 믿음을 줘야 한다. 믿음을 잃으면 모든 게 끝장이다.

믿음은 거저 생기는 것이 아니다. 부단한 노력이 필요하다. 지도자는 늘 국리민복國利民福을 가슴에 품고 바르게 생각하고 올곧게 행동해야 한다. 지도자가 먼저 백성에게 믿음을 주고 다가가야 하며 늘 마음을 열고 백성의 말에 귀 기울여야 한다. 그러한 노력과 행동을 보일 때 백성은 나라와 지도자에게 믿음을 준다. 믿음을 바탕으로 백성을 가르치고 이끌면 백성은 믿음을 저버리고 돌아서지 않을 것이다. 그런 까닭에 정치에서 가장 중요한 것이 믿음이다.

16

아랫사람을
사랑하고 믿어라

- 연저지인(吮疽之仁) : 사기(史記), 십팔사략(十八史略)

吮 : 빨 연,   疽 : 종기(악창) 저,   之 : 어조사 지,   仁 : 어질 인

솔선수범率先垂範, 즉 남보다 앞서 스스로 모범을 보이는 것은 리더의 덕목이다. 전쟁 같은 세상에서 변화를 이끌고 형세를 주도하는 것은 리더다. 리더가 그런 마인드와 행동을 보일 때 조직과 구성원들은 긍정적으로 변한다. 조직원들은 말만 하고 행동하지 않는 지도자를 믿지 않는다. 그럴듯한 말보다 먼저 움직이고 보여 주는 게 훨씬 효과적이다. 그러면 조직원들은 리더를 믿고 그 일에 적극 동참하게 된다. 조직의 목표 달성을 위해서

는 상하 모두 화합하고 단결해야 한다. 그 중심에 리더가 있다. 뛰어난 리더는 늘 일의 최전선, 즉 현장에 있다. 리더에게는 조직원들을 사랑하고 믿는 마음이 있어야 한다. 조직원을 사랑하지 않으면 믿음이 생길 수 없다, 믿음이 없으면 최선을 다할 수 없다. 최선을 다하지 않으면 바라는 것을 이룰 수 없다.

'연저지인吮疽之仁'도 그와 비슷한 이야기다. 위衛나라 장수 오기吳起가 전쟁터에서 '부하가 종기腫氣로 고생할 때 입으로 직접 그 종기의 고름을 빨아 낫게 하여 전쟁을 승리로 이끌었다'라는 고사에서 비롯됐다. 사기史記 손자오기열전孫子嗚起列傳과 십팔사략十八史略 등에 나온다.

오기는 위나라 사람이다. '오자吳子'라는 병법서를 남길 만큼 군대를 부리고 다스리는 것을 좋아했다. 그는 증자曾子에게 배우고 노魯나라 군주를 받들었다. 노나라 군주는 그를 장군으로 임명하려 했다. 그러나 그의 부인이 제齊나라 사람이어서 마음을 정하지 못했다. 오기는 그의 아내를 죽이고 제나라 편이 아니라는 것을 증명해 보였다. 하지만 노나라 조정에는 오기를 시샘하고 미워하며 반대하는 사람들이 많았다. 어리석은 노나라 군주가 이를 받아들여 그를 멀리했다. 그 즈음 오기는 위魏나라 문후文侯가 어질고 슬기로워 사리에 밝다는 이야기를

들었다. 하여, 그를 모시려 했다. 위나라 문후는 당시 현명하다고 이름

난 이극李克에게 오기가 어떤 사람인지 물었다. 이극이 말했다.

"그가 군대를 부리고 다스림에는 제나라 사마양저司馬穰苴도 따라갈

수 없는 수준입니다."

위나라 문후는 오기를 장군으로 임명하여 진秦나라를 공격해 다섯

개의 성을 얻었다. 오기는 장군이 되자 늘 솔선수범했다. 그는 가장

서열이 낮은 병사들과 같은 옷을 입고 먹었다. 잘 때도 바닥에 자리를

깔지 않았다. 행군할 때도 수레나 말을 타지 않았다. 자신이 먹을 식

량도 손수 가지고 다녔다. 오기는 부하들을 믿고 사랑했으며 그들과

생사고락을 같이했다. 병사들이 그를 믿고 따랐음은 말할 나위도 없

었다. 언젠가 병사들 가운데 몸에 심한 종기가 난 사람이 있었다. 그

런데 오기가 입으로 직접 그 종기의 고름을 빨아 낫게 해 줬다. 이 소

식을 접한 병사의 어머니가 소리 높여 슬피 울었다. 이를 이상히 여긴

사람이 말했다.

"그대 아들은 보잘것없는 한낱 병사이나 오기 장군이 몸소 그 독한

종기의 고름을 빨아 줬습니다. 그런데 어찌하여 그리 소리 높여 슬피

우십니까?"

병사의 어머니가 말했다.

"그렇지 않습니다. 예전에 그 아이의 아버지가 독한 종기에 걸려

고생했습니다. 그런데 오기 장군이 그 독한 종기의 고름을 손수 빨아 준 적이 있었습니다. 그 아이의 아버지가 감동하여 전쟁터에서 물러서지 않고 용감히 싸우다 마침내 적에게 죽임을 당했습니다. 오기 장군이 이번에 또다시 아들의 심한 종기 고름을 빨아 주셨습니다. 그래서 이 어미는 제 자식이 열심히 싸우다 어디서 어떻게 죽을지 모르게 되었습니다. 그래서 소리 높여 슬피 우는 것입니다."

이 소식을 위나라 문후가 들었다. 문후는 오기가 군사를 부리는 법에 뛰어난 것을 알았다. 나아가 그가 성품이 깨끗하고 욕심 없이 곧아 수많은 병사들에게 어짊과 신망을 얻는다고 판단했다. 문후는 오기를 서하西河 태수로 임명하여 진나라와 한韓나라의 침입에 대비하도록 했다.

솔선수범은 리더의 덕목이다. 그런데 여기서 개인적으로 의문이 하나 생긴다. 오기는 장군이 되기 위해 자신의 아내까지 죽인 독한 사람이다. 노나라 사람들도 그가 모질고 독하고 정이 없는 사람이라 했다. 그런 그가 과연 부하를 그리 사랑하고 솔선수범할 수 있을까? 물론 그가 군사를 다루고 부리는 데는 손자孫子와 쌍벽을 이루고 오자라는 병법서를 남긴 최고의 달인이라는 점을 인정하더라도 말이다. 어찌됐든 솔선수범은 빛나는 말이지만 실천은 어렵다. 솔선수범은 다른 사람을 감동시키고 변화, 발전하게 하며 부하나 조직원의 존경과 믿음을 끌어낸다. 믿음은 기적을 만드는 묘약이다. 부하나 조직원을 믿지 못하면 파국破局을 부른다. 믿음은 사람의 마음을 움직이게 한다. 한결같은 믿음으로 잘할 수 있다고 격려하면 사람들은 스스로 최선을 다한다. 믿음은 조직원을 하나로 뭉치게 한다. 그것은 조직과 조직원을 더욱 강하고 단단하게 만든다. 솔선수범은 믿음을 부르는 최상의 솔루션solution이다.

17

전쟁은 빨리 끝내는 게
최고다

- 병귀승 불귀구(兵貴勝 不貴久) : 손자병법(孫子兵法)

**兵 : 군사(전쟁) 병,　貴 : 귀할 귀,　勝 : 이길 승,　不 : 아닐 불
久 : 오랠 구**

2001년 9월 11일 미국 뉴욕 한복판에 사상 초유의 사태가 일어났다. 이슬람 테러 단체 알 카에다 요원들이 세계 무역 센터 쌍둥이 빌딩을 비행기로 폭파한 것이다. 이에 따라 2001년 10월 7일 미국과 영국은 '항구적 자유 작전'을 펼쳤다. 이것이 바로 아프가니스탄 전쟁의 시작이다. 두 나라는 11월과 12월 수도 카불과 탈레반 거점인 칸다하르까지 점령하여 탈레반 정권을 무너뜨렸다. 하지만 10년이 지난 오늘까지 전쟁은 끝나지 않았다. 예

나 지금이나 전쟁은 참혹한 것이다. 이기든 지든 전쟁은 산 자와
죽은 자 모두에게 커다란 상처와 흠집을 남긴다. 전쟁은 사람들을
정신적, 육체적으로 피폐하게 만든다. 결국에는 승자도 패자도 없
는 죽음이 일상이 되는 상황을 가져온다. 참가하는 나라와 국민
에게 엄청난 고통과 피해만 안겨 준다. 우리는 역사 이래 지금까
지 크고 작은 전쟁을 통해 많은 교훈을 얻었다. 하지만 아직도 지
구상 곳곳에서 전쟁은 계속되고 있다. 어떤 대가代價를 치르더라도
전쟁은 피하고 평화를 지켜야 한다. 최악의 경우 전쟁을 한다면
빨리 끝내는 것이 최선이며 오래 끌면 좋지 않다. 이런 이야기가
손자병법孫子兵法 작전作戰 편에 나온다.

"준비된 군대로 전쟁을 치를 때 빠른 승리만큼 귀하고 소중한 것
이 없다. 전쟁을 오래 끌면 병사들이 둔해지고 그 날카로움이 무뎌진
다. 군사들은 피곤해하며 군사들의 사기 또한 떨어진다. 오랫동안 병
사들을 노출시키면 나라의 재정이 모자라게 된다. 그러면 다른 제후
들이 그 폐단을 빌미로 공격할 것이다. 그럴 경우 아무리 지혜로운 자
가 있다 할지라도 후방의 일을 고쳐 더 좋게 만들기는 불가능하다. 그
런 까닭에 군대 운용, 즉 전쟁은 빨리 끝내야 한다는 말은 들어봤지만
솜씨 있고 교묘하게 오래 끌어야 좋다는 말은 들어 본 적이 없다. 무

룻 군대를 오래 동원하여 국가에 이득이 된다는 말이 없었다. 그런 까닭에 전쟁의 피해를 다 알지 못하는 사람은 전쟁의 이로움도 다 알지 못할 것이다."

전쟁이 일어나면 국가는 총동원령을 내린다. 인적, 물적 자원을 총동원해야 전쟁을 할 수 있기 때문이다. 전쟁에 들어가는 비용은 천문학적이다. 셀 수 없이 들어가는 엄청난 비용은 나라의 곳간을 텅 비게 한다. 특히 요즘처럼 전투기와 항공모함, 첨단 무기로 벌이는 전쟁의 비용은 엄청나다. 전쟁에 질 경우는 물론이고 설사 전쟁에서 이긴다 하더라도 그때까지 치른 비용과 낭비한 국력은 상상을 초월한다. 그렇게 국력을 소모하면 국가 재정이 바닥나고 나라 사정은 엉망이 된다. 특히 장기전의 경우 그 결과는 더 처참하다. 국민이 이루 말할 수 없을 정도로 고통받음은 물론이다. 전쟁에서 이긴다 해도 진정으로 이긴 것이 아니다. 그런 까닭에 손자도 작전 편에서 이렇게 말했다.

"전쟁은 빨리 승리를 거두는 게 귀하고 중요한 것이다. 전쟁은 오래 질질 끌면 좋지 않다兵貴勝 不貴久."

때론 참모들의
말을 들어라

– 굴신제천하(屈臣制天下) : 전국책(戰國策)

**屈 : 굽힐 굴, 臣 : 신하 신, 制 : 다스릴 제, 天 : 하늘 천
下 : 아래 하**

세상일이란 대부분 혼자서 결정하는 성격의 것이 아니다. 대통령이나 장·차관, 기타 조직의 장長도 예외가 아니다. 아이디어나 생각이 아무리 뛰어나도 그것을 정책이나 전략으로 만들고 실행할 때에는 많은 점을 두루 살펴야 한다. 그래야 바라던 것을 얻을 수 있고 무리無理가 따르지 않는다. 단지 자신의 지위와 권한만을 믿고 행하다간 실패를 볼 수 있다. 때론 마음에 들지 않더라도 참모들의 계책과 의견을 적극 수용해야 한다. 폭넓은

의견 수렴과 자문 그리고 다양한 사람들과의 소통과 협의는 지도
자나 리더가 갖춰야 할 자세와 태도다. 때론 자신의 계책이나 복
안을 접고 다른 사람의 의견과 제안을 겸허히 수용해야 한다. 그
러면 더 큰 것을 얻을 수 있다. 이와 비슷한 이야기가 '굴신제천하
屈臣制天下'로 전국책戰國策 중산책中山策에 나온다.

　　백기白起 장군은 군사를 다루는 데 뛰어났고 진秦나라 소왕昭王을 주
군으로 섬겼다. 그는 전국 시대戰國時代인 기원전 260년 장평長平 전투에
서 조괄이 이끄는 조趙나라 군대를 물리치고 큰 승리를 거뒀다. 싸움
이 끝나고 그는 조나라 포로 40만 명을 땅속에 묻어 버렸다. 진나라
소왕은 군대를 잘 정비하여 다시 조나라를 공격하려 했다. 이때 백기
장군이 여러 가지 이유를 들어 반대했다. 그러나 소왕은 말을 듣지 않
고 오교대부 왕릉王陵을 장수삼아 조나라를 쳤으나 졌다. 이러자 소왕
은 백기 장군에게 조나라를 다시 치라고 명령했다. 백기는 병을 핑계
삼아 이 명령에 따르지 않았다. 그러자 이번에는 왕흘을 장수로 삼아
조나라를 쳤다. 그러나 조나라 수도 한단을 포위한 지 9개월이 지나도
록 사상자만 내고 승리를 거두지 못하고 있었다. 게다가 조나라의 정
예 부대가 진나라 군의 뒤를 공격한 탓에 불리한 상황이 자주 벌어졌
다. 이에 백기가 말했다.

"신의 계략과 방책을 듣지 않더니만 지금 그 결과가 과연 어떠한 가?"

소왕이 이 소식을 듣자 크게 화를 내며 백기 장군을 찾아왔다. 그리고 그를 강제로 일으키며 말했다.

"그대가 비록 병이 들었지만 나를 위해 누워서라도 군대를 부리시오. 공을 세우면 장차 그대에게 넉넉하게 상을 내릴 것이오. 그렇지만 만약 그대가 그렇게 하지 않는다면 그대를 원망스럽게 생각할 것이오."

무안군 백기가 머리를 땅에 닿도록 꾸벅이며 말했다.

"제가 비록 전쟁에 나선다 해도 공을 세우지 못할 것입니다. 그러나 죄는 면할 것입니다. 비록 전쟁에 나서지 않는다고 죄가 되지는 않겠지요. 그러나 그 죄를 물어 죽임을 당할 것입니다. 그렇지만 원컨대 대왕께서 저의 어리석은 계책을 한 번쯤 헤아리시고 살피시기 바랍니다. 조나라에 대한 전쟁을 풀고 백성을 쉬게 하십시오. 그러면서 제후들에게 변화가 생기는지 살피십시오. 겁내고 두려워하는 사람들은 어루만져 주십시오. 잘난 체 뽐내며 건방지게 구는 사람들은 공격하여 없애십시오. 막되고 도리에 벗어난 사람을 죽여 없앤 후 제후들에게 명령하시면 온 세상을 안정시킬 수 있습니다. 그런데 이런 일을 어찌 반드시 조나라로부터 먼저 하려고 하십니까?

이것이 이른바 한 사람의 신하白起에게 의지를 굽혀 온 세상을 이
긴다는 것입니다. 대왕께서 만약 저의 어리석은 계책을 살피지 않으
시고 반드시 조나라를 쳐부숴야 마음이 유쾌해지고 저에게 죄를 주
는 게 좋다고 여기신다면 이것은 소신 백기를 이기고 온 세상에 굴복
하여 아무도 이기지 못하는 것입니다. 저를 이겨 대왕의 지엄至嚴함을
지키는 것과 제게 굽혀 온 천하를 이기고 얻어 대왕의 위대한 업적을
크게 세우는 것 가운데 어느 것이 낫겠습니까? "

　이 말을 들은 소왕은 아무 대답도 없이 나가 버렸다.

　때론 다른 사람의 말을 귀 기울여 잘 들어야 제대로 알 수 있다.
제대로 알아야 상대의 마음을 얻을 수 있고 상대의 마음을 얻어야
더 큰 것을 이룰 수 있다. 상대를 인정해야 경청傾聽할 수 있고 경
청해야 넓고 깊게 알 수 있다. 그런 다음 계획을 세우고 행해야 이
길 수 있다. 끊임없이 듣고 배우려는 마음이 있어야 사람을 모으
고 성공을 부를 수 있다. 지금 당신은 어떤가?

19

강약을 적절하게
사용하라

- 유유소설 강유소시(柔有所設 剛有所施) : 삼략(三略)

柔 : 부드러울 유, 有 : 있을 유, 所 : 바 소, 設 : 베풀 설
剛 : 단단할 강, 施 : 베풀 시

강약強弱 조절은 세상살이에서 대단히 중요하고 필요하다. 협상이나 비즈니스의 경우 강약 조절은 기본 중의 기본이다. 대립과 갈등, 분노와 슬픔, 충성과 배신, 탐욕과 베풂, 얻음과 잃음 등은 강약을 적절하게 조절해야만 처리할 수 있는 사안이다. 운동은 또 어떤가? 무턱대고 강하게 하면 몸을 다친다. 강하게 할 때는 강하게 하고 약하게 풀어 줄 때는 풀어 줘야 한다. 노래 또한 처음 도입부는 힘을 빼고 편안하게, 클라이맥스와 후반부는 그에 맞게 힘과 소리의 강약을 조절해야 한다. 그래야 듣는 사람도 편안하고 부르는 사람도 힘이 들지 않는다. 이런 가르침은 병법서 삼략三略에도 나온다. 삼략은 고대 중국 진秦나라 말기 황석공黃石公이 지어 한漢나라의 개국 공신인 장량張良에게 전했다는 책이다. 지은이에 대해서는 여러 설이 있으나 후대에 황석공의 이름을 빌려 쓴 위서偽書로 보는 견해가 많다. 삼략의 략略은 전략이나 책략을 뜻한다. 삼략 가운데 상략上略에서 황석공은 이렇게 말한다.

"부드러운 것이 굳센 것을 이기고 약한 것이 강한 것을 이긴다. 부드러움은 다른 사람의 도움을 많이 받는 덕이고 굳세고 억센 것은 다른 사람을 해치고 나쁘게 하는 것이다.

약한 사람은 사람들이 소중히 여기고 도와주지만 강한 사람은 사람들이 미워하고 고깝게 여겨 비난하거나 반대하기에 딱 맞다. 부드러움이 반드시 요구될 때에는 부드러움을 베풀고 굳세고 단단한 것이 필요할 때는 굳세고 억셈을 보여 줘야 한다. 약함이 필요할 때는 약함을 쓰고 베풀며 강함이 필요할 때에는 강함을 베풀고 보여 줘야 한다.

대부분 사람들은 굳세고 강한 것을 탐하지 않을 수 없다貪한다. 강하고 약함, 굳셈과 부드러움이 나뉘는 낌새를 마음속에 잘 새기고 지킬 수 있는 사람은 드물다. 만약에 이 낌새를 마음속 깊이 새기고 제대로 지킬 수 있다면 어떠한 경우에도 그 생명을 지킬 수 있다.

능히 부드러울 줄도 알고 능히 강할 줄도 알면서 이 두 가지를 알맞게 섞어 잘 운용하면 그 나라가 두루 빛난다. 약할 줄도 알고 강할 줄도 알면서 이 두 가지를 알맞게 잘 쓴다면 나라가 널리 더욱 돋보이고 드러나게 된다.

하지만 나라에 오로지 부드러움과 약함만 있다면 그 나라는 반드시 힘이 약해져 영토를 빼앗기게 된다. 나라에 오로지 억세고 단단하고 강한 것만 있다면 그 나라는 반드시 없어진다."

오늘날 나라와 국민을 다스리는 일도 이와 다르지 않다. 강약 조절의 핵심은 먼저 국민의 마음을 잘 헤아리는 것이다. 그다음 모든 사안과 정책을 상황과 시기에 맞게 강약을 조절하여 처리한다. 유능하고 뛰어난 인재들을 고루 등용하여 그들이 오직 국민만 생각하고 일한다면 국민은 나라를 믿고 따르며 자신의 일에 최선을 다할 것이다. 그렇게 되면 나라의 비전과 정책이 널리 바르게 잘 행해질 것이다. 비전과 정책을 세우고 집행하는 일에는 강약과 완급 조절이 필요하다. 국가의 최고 지도자나 정책을 집행하는 사람들이 국민의 뜻에 반하여 자신의 힘만 믿고 일방적으로 밀어붙인다면 그 끝은 파국이다. 부드러움과 강함 각각의 특성을 상황과 사안에 따라 적절히 섞어 제대로 활용하면 나라와 국민이 더욱 빛날 것이다. 약함이 필요할 때는 약함을 쓰고 강함이 필요할 때에는 강함을 베풀어라. 그것이 나라를 더욱 빛나고 널리 돋보이게 할 것이다.

20

손바닥으로
하늘을 가릴 수 없다

- 동호직필(董狐直筆) : 춘추좌씨전(春秋左氏傳)

董 : 바로잡을 동,　狐 : 여우 호,　直 : 곧을 직,　筆 : 붓 필

사관史官은 역사를 기록하는 사람으로서 그날그날을 기록하는 역사가다. 역사歷史는 거짓이 없어야 한다. 역사는 첨삭가감添削加減이 아니며 오직 사실事實을 바르게 기록할 뿐이다. 그러기에 사관은 임금이나 대신들의 위엄이나 기세에도 전혀 기죽거나 눌리지 않았고 바른 역사를 기록하기 위해 목숨까지 걸었다. 그들은 권력이나 주변 사람들을 의식하거나 살피지 않고 오직 사실만을 바르게 기록했다. 역사는 업적과 허물을 가리지 않고 있는 그대로 적는 것이다. 사실 그대로 기록하는 것이 직필直筆이다. 사관史官은 직필이다. 따라서 직필이 아니면 사관이 아니다. 직필은 정론正論이다. 이와 같은 말이 '동호직필董狐直筆'이다. 이는 '동호의 곧은 붓'이란 뜻으로 '역사적 사실을 바르게 기록한다'라는 의미다. 춘추좌씨전春秋左氏傳 진晉나라 선공宣公 상 2년 조에 나온다.

　중국 춘추 시대春秋時代 진나라 영공靈公은 군주로서 덕德이 없었다. 백성들을 쥐어짜는 일을 많이 했다. 궁전의 벽을 조각했고 높다란 대臺에서 사람을 던져 밑에 있는 사람들이 피하는 모습을 구경했다. 요즘으로 말하면 망나니에 가까운 짓을 가리지 않고 한 셈이다. 뜻있는 신하들이 나라의 앞날을 걱정하지 않을 수 없는 지경에 이르렀다. 가끔 재상宰相 조순趙盾이 모든 힘을 다해 그 잘못을 고치라고 말했다. 영공은 이를 귀찮고 괴롭게 여겨 부하 서예鉏麑를 시켜 조순을 죽이려 했다. 서예가 조순의 집으로 갔다. 조순은 조정에 출근하려고 예복을 갖춰 입고 있었다. 출근할 시간이 조금 남아 눈을 감고 가만히 앉아 있었다. 그 점잖고 엄숙한 모습에 감동받은 서예는 조순의 집을 그냥 나왔다. 그리고 탄식했다.

　"임금을 공손히 받들어 모심을 잊지 않는 사람은 백성의 어른이시다. 백성이 어른으로 모시는 사람을 죽이는 것은 충성스럽지 않은 것

不忠이다. 임금의 명령을 저버리고 돌아서는 것은 믿지 못하는 것不信이다. 두 가지 가운데 하나라도 있다면 차라리 내가 죽는 게 낫다.”

그런 다음 나무에 머리를 부딪쳐 죽었다. 9월에 진나라 영공이 술자리를 마련하여 조순에게 술을 마시게 하고 무사를 배치하여 죽이려고 했다. 조순을 보좌하던 제미명提彌明이 이를 알고 조순을 부축해 내려왔다. 영공이 사나운 개猛犬를 풀어 두 사람을 죽이려 했으나 제미명이 개들을 쳐 죽였다. 그러자 무사들이 나타나 제미명을 죽였다. 영공의 무사들 중에는 오래 전에 조순의 도움을 받은 영첩靈輒이란 사람이 있었다. 그가 조순을 알아보고 자기편의 공세를 막았다. 조순은 도망쳤다. 조천趙穿이 도원桃園에서 진나라 영공을 죽였다. 그 소식을 듣고 다른 나라로 망명하려던 재상 조순이 국경을 넘으려다 되돌아왔다. 그때 역사를 기록하던 관리인 태사太史 동호董狐가 이렇게 기록해 조정에 게시해 널리 알렸다.

“조순이 임금을 죽였다.”

재상 조순이 말했다.

“그렇지 않다.”

동호가 대답했다.

“그대는 재상이다. 비록 임금에게 핍박받아 망명길에 올랐어도 국경을 넘기 전에는 이 나라 재상이다. 재상은 임금을 보필하는 사람이

322

다. 그대가 임금의 위급한 상황을 막지 못했다면 임금을 죽인 것이나 다름없다. 그리고 다시 돌아와서는 임금을 죽인 도적을 치지 않았다. 그러니 임금을 죽인 사람이 바로 그대 조순이 아니고 누구겠는가?"

재상 조순이 탄식했다.

"아아, 슬프다. 시詩에 이르기를 나의 그리워했음이 스스로 커다란 근심을 남겼다고 했는데 이것이 나를 두고 한 말이 아니겠는가!"

이는 '조순이 조국인 진나라가 눈에 밟혀 빨리 국경을 넘지 못하고 나랏일이 걱정되어 돌아온 것이 도리어 커다란 걱정과 한을 남기게 되었다'라는 의미다. 재상 조순은 탄식하며 사관史官인 동호董狐의 말을 따랐다. 한참 지난 후에 이것을 안 공자孔子가 말했다.

"동호는 훌륭한 사관史官이었다. 바르게 기록하여 꺼리어 감추거나 숨기지 않았다. 재상 조순趙盾은 옛날의 어진 대부였다. 법에 따라 자신이 나쁘다는 평판을 받아들였다. 가엾도다! (조금만 일찍) 국경을 넘어 다른 나라로 망명하고 돌아오지 않았더라면 그 이름이나 명예가 더럽혀지는 일을 당하지 않았을 텐데……"

왜곡된 역사는 역사가 아니다. 역사의 심판은 늘 준엄峻嚴하다. 그 심판의 준거는 역사적 사실이다. 역사적 사실은 바른 기록에 의해 검증된다. 역사적 사실은 숨긴다고 숨겨지는 것이 아니며 그것이 본연本然이다. 역사의 기록에는 치기稚氣와 장난이 있을 수 없고 역사의 기록은 흥정이나 협상의 대상이 아니다. 또한 왜곡이나 조작의 대상이 아니며 시시비비是是非非다. 즉, 옳은 것은 옳다고 하고 그른 것은 그르다고 할 뿐이다. 그것이 역사다. 공功은 공대로 과過는 과대로 적는 것이다. 세 치의 혀로 농락할 수 없는 것이 역사적 사실이고 진실이다. 그러므로 사관史官은 직필直筆이다.